Gestión de la documentación de constitución y de contratación de la empresa

Ester Chicano Tejada

ic editorial

Gestión de la documentación de constitución y de contratación de la empresa

1ª Edición

Editado por: IC Editorial
c/ Cueva de Viera, 2, Local 3
Centro Negocios CADI
29200 Antequera (Málaga)
Teléfono: 952 70 60 04
Fax: 952 84 55 03
Correo electrónico: iceditorial@iceditorial.com
Internet: www.iceditorial.com

ISBN: 978-84-1184-344-7
Depósito Legal: MA-2044-2024

Impresión: PODiPrint
Impreso en Andalucía – España

Nota de la editorial: IC Editorial pertenece a Innovación y Cualificación S. L.

Presentación del manual

El **Certificado de Profesionalidad** es el instrumento de acreditación, en el ámbito de la Administración laboral, de las cualificaciones profesionales del Catálogo Nacional de Cualificaciones Profesionales adquiridas a través de procesos formativos o del proceso de reconocimiento de la experiencia laboral y de vías no formales de formación.

El elemento mínimo acreditable es la **Unidad de Competencia.** La suma de las acreditaciones de las unidades de competencia conforma la acreditación de la competencia general.

Una **Unidad de Competencia** se define como una agrupación de tareas productivas específica que realiza el profesional. Las diferentes unidades de competencia de un certificado de profesionalidad conforman la **Competencia General,** definiendo el conjunto de conocimientos y capacidades que permiten el ejercicio de una actividad profesional determinada.

Cada **Unidad de Competencia** lleva asociado un **Módulo Formativo,** donde se describe la formación necesaria para adquirir esa **Unidad de Competencia,** pudiendo dividirse en **Unidades Formativas.**

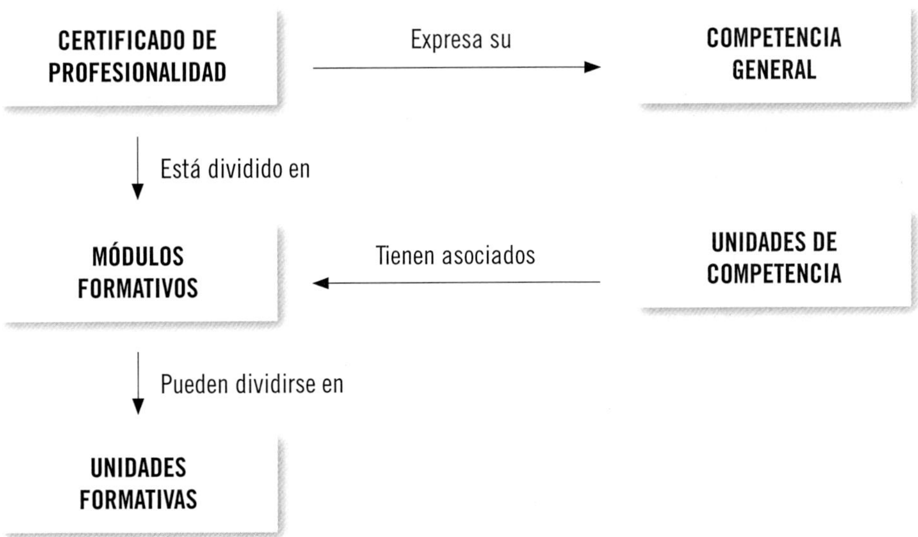

El presente manual desarrolla la Unidad Formativa **UF0523: Gestión de la documentación de constitución y de contratación de la empresa,**

perteneciente al Módulo Formativo **MF0988_3: Gestión de documentación jurídica y empresarial,**

asociado a la unidad de competencia **UC0988_3: Preparar y presentar expedientes y documentación jurídica y empresarial ante Organismos y Administraciones Públicas,**

del Certificado de Profesionalidad **Asistencia documental y de gestión en despachos y oficinas.**

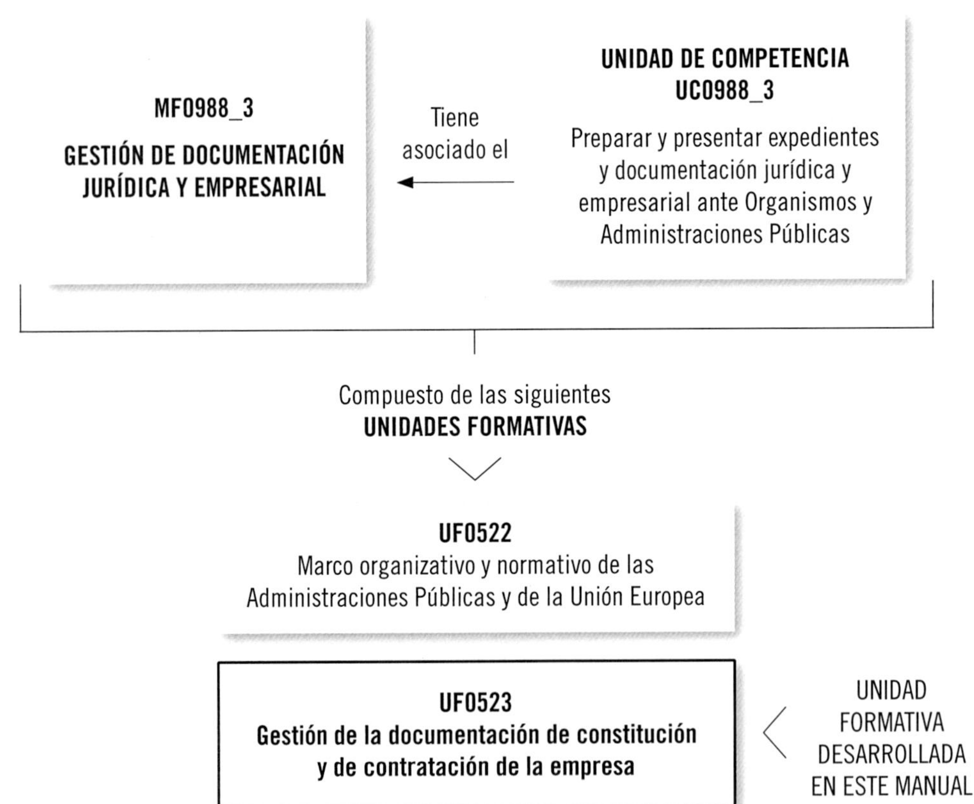

FICHA DE CERTIFICADO DE PROFESIONALIDAD			
(ADGG0308) ASISTENCIA DOCUMENTAL Y DE GESTIÓN EN DESPACHOS Y OFICINAS (R. D. 645/2011, de 9 de mayo)			
COMPETENCIA GENERAL: Asistir a la gestión de despachos y oficinas profesionales, y/o departamentos de Recursos Humanos, de forma proactiva, organizando y apoyando la gestión administrativa y documental del mismo, y realizando las gestiones de comunicación internas y externas, la preparación y presentación de expedientes y documentos jurídicos propios ante las Administraciones Públicas, así como el mantenimiento del archivo, según los objetivos marcados, respetando los procedimientos internos y las normas legales establecidas.			
Cualificación profesional de referencia	**Unidades de competencia**		**Ocupaciones o puestos de trabajo relacionados:**
ADG310_3 ASISTENCIA DOCUMENTAL Y DE GESTIÓN EN DESPACHOS Y OFICINAS (R. D. 107/2008, de 1 de febrero)	UC0982_3	Administrar y gestionar con autonomía las comunicaciones de la dirección	• 3613.1039 Técnicos/as administrativos/as, en general • 3613.1020 Secretarios/as, en general • 3613.1020 Asistentes de despachos y oficinas • 4223.1017 Empleados/as administrativo servicios de personal • 4223.1017 Secretarias/os en departamentos de Recursos Humanos • 3612.1018 Asistentes jurídico-legales
	UC0986_3	Elaborar documentación y presentaciones profesionales en distintos formatos	
	UC0987_3	Administrar los sistemas de información y archivo en soporte convencional e informático	
	UC0988_3	Preparar y presentar expedientes y documentación jurídica y empresarial ante Organismos y Administraciones Públicas	
	UC0980_2	Efectuar las actividades de apoyo administrativo de Recursos Humanos	
	UC0979_2	Realizar las gestiones administrativas de tesorería	

Correspondencia con el Catálogo Modular de Formación Profesional

Módulos certificado	Unidades formativas	Horas
MF0982_3: Administración y gestión de las comunicaciones de la dirección		80
MF0986_3: Elaboración, tratamiento y presentación de documentos de trabajo	UF0327: Recopilación y tratamiento de la información con procesadores de texto	60
	UF0328: Organización y operaciones con hojas de cálculo y técnicas de representación gráfica de documentos	40
	UF0329: Elaboración y edición de presentaciones con aplicaciones informáticas	40
MF0987_3: Gestión de sistemas de información y archivo	UF0347: Sistemas de archivo y clasificación de documentos	30
	UF0348: Utilización de las bases de datos relacionales en el sistema de gestión y almacenamiento de datos	90
MF0988_3: Gestión de documentación jurídica y empresarial	UF0522: Marco organizativo y normativo de las Administraciones Públicas y de la Unión Europea	70
	UF0523: Gestión de la documentación de constitución y de contratación de la empresa	80
MF0980_2: Gestión auxiliar de personal		90
MF0979_2: Gestión operativa de tesorería		90
MP0113: Prácticas profesionales no laborales		80

Índice

Capítulo 3
Contratación privada de la empresa

Capítulo 1

Documentación legal de la constitución y funcionamiento ordinario de la empresa

Contenido

1. Introducción
2. La empresa como ente jurídico y económico
3. El plan de empresa
4. Tipos de empresas según su forma jurídica: características. Trámites de constitución. Documentos jurídicos necesarios para la constitución y funcionamiento. Fiscalidad. Ventajas e inconvenientes. Legislación aplicable
5. Elaboración y análisis de los documentos de constitución y funcionamiento de las distintas formas jurídicas empresariales
6. Elevación a público de los documentos de constitución y gestión empresarial
7. Obligaciones contables
8. Obligaciones fiscales
9. Obligaciones laborales
10. Registro público
11. Resumen

1. Introducción

En el momento de comenzar a realizar una actividad productiva hay que tener en cuenta que deben conocerse detalladamente todas las formas jurídicas que se contemplan en el ordenamiento jurídico, así como todos los trámites administrativos que hay que llevar a cabo para que la creación de la empresa se realice de forma exitosa.

Además, un conocimiento profundo de los tipos de empresa existentes y de la actividad que se va a desarrollar será lo que determine la elección de la forma jurídica a crear y de los requisitos legales que habrá de cumplir a partir de dicha elección.

A lo largo del presente capítulo se van a describir y analizar los distintos tipos de empresa existentes en la actualidad y los trámites legales necesarios para su constitución e iniciar la actividad.

2. La empresa como ente jurídico y económico

Una empresa se puede definir como una organización formada por personas y recursos que tiene como objetivo obtener un beneficio económico a partir de desarrollar una serie de actividades determinadas.

En nuestro país, toda empresa debe cumplir una serie de requisitos normativos para que su constitución y su actividad se desarrollen de forma legal.

Asimismo, la empresa puede estudiarse desde distintos puntos de vista de, entre los cuales, caben destacar los siguientes:

- **La empresa como un ente jurídico:** desde el punto de vista jurídico, la empresa está constituida por un patrimonio empresarial y lleva a cabo su actividad para lograr un objetivo económico a través de una serie de relaciones con terceros, como, por ejemplo, Seguridad Social, clientes, proveedores, etc.
- **La empresa como un ente económico:** la empresa está formada por un conjunto de factores de producción, con los cuales se lleva a cabo la

actividad económica. Con la combinación de estos factores se pueden obtener los productos y servicios que se pondrán a disposición de los clientes, tanto individuales como otras empresas. A su vez, alimentando estos factores se genera riqueza en el país, convirtiendo a la empresa en un motor importante de la economía del mismo. Se pueden emplear recursos materiales, recursos inmateriales, recursos financieros o recursos humanos, entre otros.

Actividades

1. Investigue sobre los distintos factores de producción que intervienen en la actividad productiva de una empresa.

2.1. Clasificación de las empresas

Las empresas pueden clasificarse principalmente del siguiente modo:

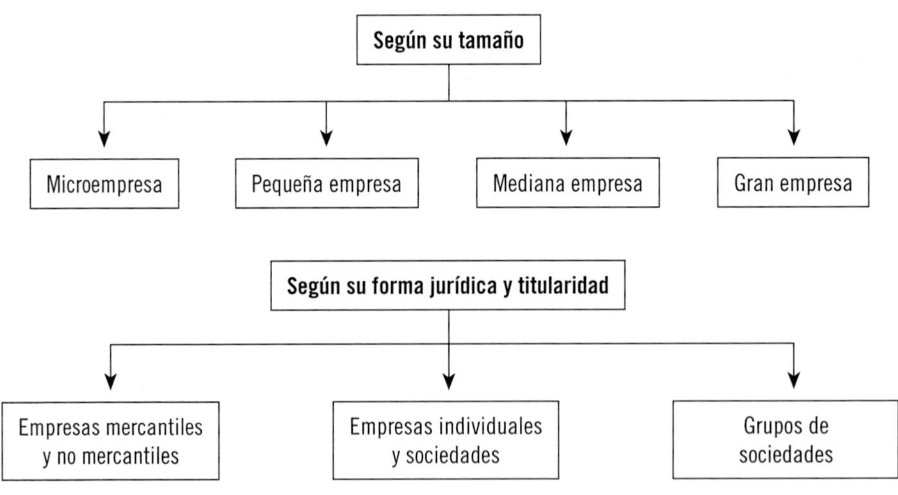

Continúa en página siguiente >>

<< Viene de página anterior

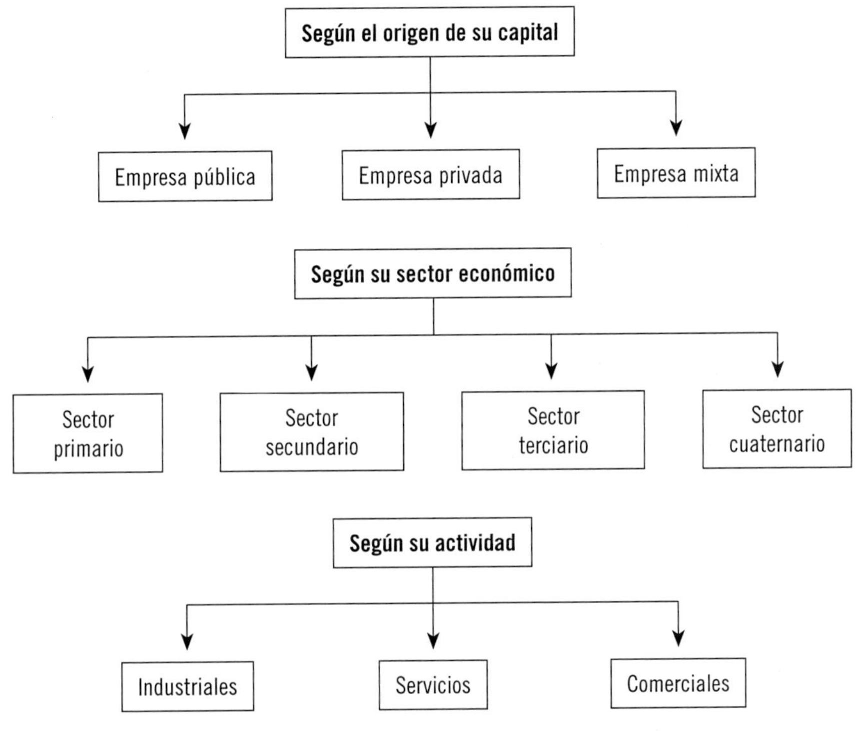

Actividades

2. Busque otras clasificaciones de empresas distintas a las descritas en el apartado.

Tipos de empresas según su tamaño

Para determinar el tamaño de una empresa se utilizan varios criterios, como, por ejemplo, el número de empleados, el sector de actividad, etc.

No obstante, siguiendo la Recomendación de la Comisión de la Unión Europea (2003/361/CE), de 6 de mayo de 2003, para clasificar las empresas según su tamaño hay que tener en cuenta el número de trabajadores, el balance general anual y el volumen de negocios anual.

Así, atendiendo a dichos criterios, las empresas se clasifican de la siguiente manera:

- **Microempresas:** con menos de 10 trabajadores, un balance general anual y un volumen de negocios anual que no superan los 2 millones de euros.
- **Pequeñas empresas:** con menos de 50 trabajadores, un balance general anual y un volumen de negocios anual que no superan los 10 millones de euros.
- **Medianas empresas:** con menos de 250 trabajadores, un balance general anual que no supera los 43 millones de euros y un volumen de negocios anual que no supera los 50 millones de euros.
- **Grandes empresas:** con un mínimo de 250 trabajadores, un balance general anual que excede de los 43 millones de euros y un volumen de negocios anual que excede de los 50 millones de euros.

A continuación, se puede ver una tabla resumen de los datos plasmados en esta clasificación:

	Número de trabajadores	**Balance general anual**	**Volumen de negocios anual**
Microempresa	Menos de 10	Inferior o igual a 2 millones	Inferior o igual a 2 millones
Pequeña empresa	Menos de 50	Inferior o igual a 10 millones	Inferior o igual a 10 millones
Mediana empresa	Menos de 250	Inferior o igual a 43 millones	Inferior o igual a 50 millones
Gran empresa	250 o más	Más de 43 millones	Más de 50 millones

Actividades

3. ¿Cuál es el tipo de empresa más numeroso en España? Investigue los motivos de este hecho.

Tipos de empresas según su forma jurídica y titularidad

Es fundamental meditar bien qué forma jurídica va a tomar una empresa, ya que será lo que determine las obligaciones fiscales y contables que deba cumplir a lo largo de un ejercicio económico y, en general, a lo largo de toda su vida.

De este modo, según la forma jurídica que toman y la titularidad que tengan, las empresas se pueden clasificar de la siguiente manera:

- **Empresas mercantiles y no mercantiles**: las empresas mercantiles son aquellas que desarrollan su actividad con ánimo de lucro, mientras que, las empresas no mercantiles se les supone la ausencia de dicho ánimo de lucro.
- **Empresas individuales y sociedades:** las empresas individuales son aquellas cuya titularidad corresponde a una persona física. Sin embargo, la titularidad de las sociedades corresponde a una persona jurídica.
- **Grupos de sociedades:** el Código de Comercio indica que un grupo de sociedades existe cuando *una sociedad ostente o pueda ostentar, directa o indirectamente, el control de otra u otras*. Así, el Plan General de Contabilidad, según el grado de dominio o participación de las empresas, las clasifica de la siguiente manera:

  - Empresas del grupo: si reúnen una serie de requisitos establecidos en el Código de Comercio.
  - Empresas asociadas: si no reúnen dichos requisitos, pero el grado de influencia de unas empresas es notable sobre las otras.

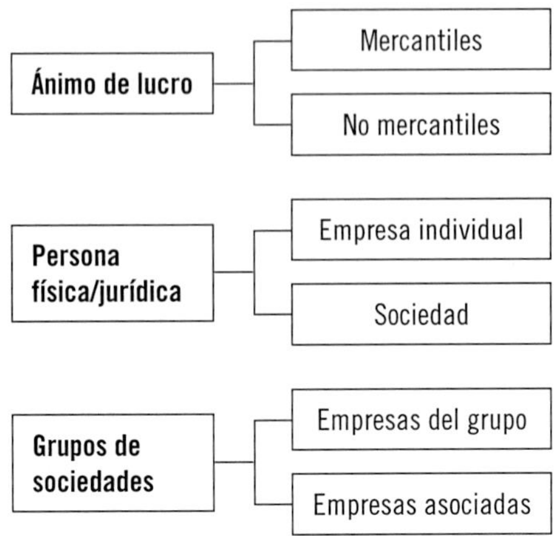

Actividades

4. ¿Qué diferencia hay entre las empresas de un grupo y las empresas asociadas?

Tipos de empresas según el origen de su capital

Se pueden distinguir tres tipos de empresas atendiendo a si el origen del capital proviene de particulares o de organismos públicos:

- **Privadas:** el origen de su capital es privado, proviene de particulares.
- **Públicas:** el origen de su capital es público, proviene de algún organismo público internacional, del Estado, de comunidades autónomas, ayuntamientos, diputaciones, etc.
- **Mixtas:** en este caso, la titularidad de la empresa es compartida entre el sector público y el sector privado.

Tipos de empresas según su sector económico

Un sector económico es un conjunto de empresas que tienen características similares a un nivel tal que permite crear un área diferenciada dentro de la actividad económica general de una región e, incluso, de un país.

Según el sector económico al que pertenece, las empresas se pueden clasificar de la siguiente manera:

- **Empresas del sector primario:** aquellas que se dedican a obtener productos extraídos de la naturaleza. Este sector está formado por las actividades de agricultura, ganadería, pesca y minería.
- **Empresas del sector secundario:** aquellas que se dedican a transformar las materias primas obtenidas por empresas del sector primario. Se trata de empresas industriales, energéticas, etc.
- **Empresas del sector terciario:** aquellas que se dedican al sector servicios, entre las que se incluyen, por ejemplo, empresas de transporte, comercio, turismo, servicios financieros, etc.
- **Empresas del sector cuaternario:** empresas que ofrecen servicios basados en la acumulación del conocimiento y que, por tanto, no pueden mecanizarse como, por ejemplo, la educación, la investigación, la generación de información, etc. A este sector también se le denomina **sector de la investigación.**

Actividades

5. Busque ejemplos de actividades y/o empresas de cada uno de los sectores económicos descritos en este apartado (primario, secundario, terciario y cuaternario).

Tipos de empresas según su actividad

Según la actividad que desarrollan, se pueden clasificar las empresas en las siguientes tipologías:

- **Empresas industriales:** se trata de aquellas que producen bienes y servicios, a partir de su extracción o de su transformación. Son principalmente empresas agrícolas e industriales.
- **Empresas de servicios:** son aquellas que ofrecen servicios, es decir, elementos intangibles. Suelen ser empresas del sector terciario.

- **Empresas comerciales:** se trata de empresas que se dedican a comprar bienes para proceder a su venta sin realizar ninguna transformación en ellos. En otras palabras, son empresas que actúan de intermediarios entre el productor y el consumidor.

Actividades

6. Busque ejemplos de empresas industriales, de servicios y comerciales. ¿Es posible que una empresa sea de dos tipologías a la vez?

3. El plan de empresa

Actualmente, crear una empresa supone un reto importante debido a todas las dificultades que puede encontrarse el futuro empresario desde el momento de la idea de empresa hasta que esta empieza formalmente su funcionamiento.

Para minimizar al máximo estas dificultades, hay que crear una planificación en la que se concrete la idea de negocio, su visión, su misión y todos los elementos básicos que hay que acometer para ponerla en marcha.

A esta planificación se la denomina **plan de empresa** y es una herramienta del futuro empresario en la que se plasman todas las actividades que van a llevarse a cabo en un corto, medio y largo plazo.

El plan de empresa es, claramente, uno de los documentos básicos más relevantes de todo empresario que se está iniciando, ya que, en él se debe plasmar toda la información del proyecto que se está llevando a cabo o que se pretende llevar a cabo.

Concretamente, este documento tiene varias funcionalidades:

- Ayuda al emprendedor a tener una visión global y completa sobre su proyecto de empresa y verificar su viabilidad.
- Si se prevé la incorporación de nuevos socios a la empresa, puede servir como una información inicial y una carta de presentación para convencerles de aportar capital al proyecto.
- Sirve como información a facilitar a las entidades bancarias para obtener financiación externa. Un plan de empresa que muestre la futura viabilidad y solvencia del proyecto puede ser lo que convenza a la entidad de ofrecer la financiación buscada.

Eso sí, el hecho de confeccionar un plan de empresa no garantiza la viabilidad y el éxito de la misma, ya que siempre pueden aparecer factores externos e imprevisibles, además de factores que se pasaron por alto en el momento de confeccionar el documento.

No obstante, indudablemente, a pesar de que realizar un plan de empresa no garantiza el éxito, no realizarlo incrementa las posibilidades de fracaso, ya que supone una inconcreción de la idea y de los gastos.

3.1. Partes del plan de empresa

El plan de empresa debe tratarse como una proyección de las distintas casuísticas en las que se puede encontrar el empresario. Es decir, se pueden plantear varios escenarios y, en función de los datos de cada escenario, determinar la viabilidad del proyecto y, en caso de detectar problemas de viabilidad o de solvencia, establecer medidas correctoras para evitar imprevistos y situaciones indeseadas.

Además, una vez que la empresa ya está en funcionamiento, este plan también puede utilizarse para comprobar las posibles desviaciones que haya podido haber entre las proyecciones estimadas, los ingresos y gastos reales obtenidos durante un período de tiempo determinado.

Respecto a su elaboración, no hay una plantilla oficial y/o consensuada, así que los puntos a incluir son a criterio del que lo elabora.

No obstante, se recomienda que el plan de empresa contenga, como mínimo, los siguientes aspectos:

- **Denominación comercial** y **razón social** de la empresa.
- **Actividad económica** y ámbito geográfico en el que va a operar.
- **Forma jurídica** que va a adoptar la empresa.
- **Proyecciones futuras de la empresa:** objetivos que pretende alcanzar la empresa, cómo se van a alcanzar y su temporalización.
- **Situación del mercado:** estudio sobre la competencia existente en la actividad económica que se va a desempeñar y en el ámbito geográfico que se va a abarcar.
- **Clientes objetivo:** se trata de plasmar un perfil de los clientes a los que va a ir dirigida la actividad de la empresa, clasificados por categorías estratégicas, como, por ejemplo, edad, estructura familiar, personas físicas o jurídicas, etc.
- **Financiación:** es muy recomendable incluir los recursos financieros con los que contará el empresario para lanzar la empresa y también con los que podrá mantener su actividad hasta empezar a obtener beneficios.
- **Recursos humanos:** se incluirá el perfil de los trabajadores que van a formar parte de la plantilla, su sistema de retribuciones estimado y los tipos de contratos que se van a realizar, distinguiendo por categorías profesionales.
- **Instalaciones e inmovilizado material:** hay que valorar si la empresa va a necesitar unas instalaciones y maquinaria y si hay previsto comprarlas o alquilarlas.
- **Inmovilizado intangible:** también cabe la posibilidad de que sea necesario adquirir o alquilar algún inmovilizado intangible como, por ejemplo, programas informáticos, licencias, patentes, etc.
- **Plan de *marketing*:** sin un plan de *marketing* debidamente planificado, la empresa no podrá alcanzar los clientes objetivo y obtener una rentabilidad adecuada. Por ello, es necesario definirlo e incluirlo en el plan de empresa, contemplando todos sus aspectos, desde el precio, hasta la distribución o la promoción que se va a hacer de los productos y de la empresa.

Actividades

7. Evalúe los aspectos a incluir en un plan de empresa que se han definido en este apartado. ¿Cuál considera más relevante? ¿Echa en falta alguno? Ponga algún ejemplo.
8. Busque ejemplos de planes de empresa que haya realizado alguna empresa de su entorno recientemente.

4. Tipos de empresas según su forma jurídica: características. Trámites de constitución. Documentos jurídicos necesarios para la constitución y funcionamiento. Fiscalidad. Ventajas e inconvenientes. Legislación aplicable

En el momento de decidir iniciar una actividad empresarial, además de elaborar un plan de empresa y decidir aspectos tan relevantes como el plan de *marketing,* los recursos humanos o la financiación propia y ajena, también es de vital importancia elegir correctamente la forma jurídica que va a tomar la empresa que se está creando y conocer de antemano toda la burocracia que va a ser necesario acometer.

4.1. Criterios para la elección de la forma jurídica de la empresa

Para la elección de la forma jurídica que va a tomar la empresa, deben tenerse en cuenta una serie de criterios:

- **Tributación:** es imprescindible considerar los impuestos a los que estará sujeta la actividad que desarrolle la empresa. Por ejemplo, si se trata de una sociedad, tributará por el impuesto de sociedades. Sin embargo, si se trata de un empresario individual, tributará por el impuesto sobre las personas físicas o IRPF.
- **Ayudas y subvenciones públicas:** hay determinadas actividades que están exentas de IVA. Y, por otra parte, según la actividad que se desarrolle, es muy probable que se reciban más o menos subvenciones, ayudas públicas o, incluso, reducciones y bonificaciones a la Seguridad Social.

- **Responsabilidad patrimonial:** este es uno de los puntos determinantes en la elección de la forma jurídica de la empresa. La responsabilidad patrimonial de un autónomo es ilimitada, lo que significa que este responde con todo su patrimonio personal por las deudas de una empresa. Sin embargo, en el resto de empresas, se responde solo con el patrimonio de la empresa.
- **Socios:** la cantidad de socios que va a formar parte de la empresa limita la elección de su forma jurídica. Así, si solo va a haber un socio, únicamente se podrá elegir entre empresario individual, sociedad limitada unipersonal o sociedad anónima unipersonal. Sin embargo, si hay varios socios, la variedad de elección es más amplia.
- **Recursos propios iniciales:** la forma jurídica elegida determinará la aportación inicial necesaria para crear la empresa. Si se dispone de poco capital, será más recomendable, por ejemplo, una sociedad limitada o ser empresario individual. Sin embargo, si se va a realizar una aportación elevada, puede ser más recomendable una sociedad anónima.
- **Agilidad burocrática:** si se crea una empresa que esté formada solo por un empresario individual, los trámites burocráticos a acometer serán mucho menores y más rápidos que en cualquiera de las otras formas jurídicas.
- **Regímenes de la Seguridad Social:** un empresario individual debe afiliarse al Régimen Especial de Trabajadores Autónomos (RETA), mientras que los socios de una sociedad cooperativa o de una sociedad limitada laboral, deben afiliarse al Régimen General de la Seguridad Social.

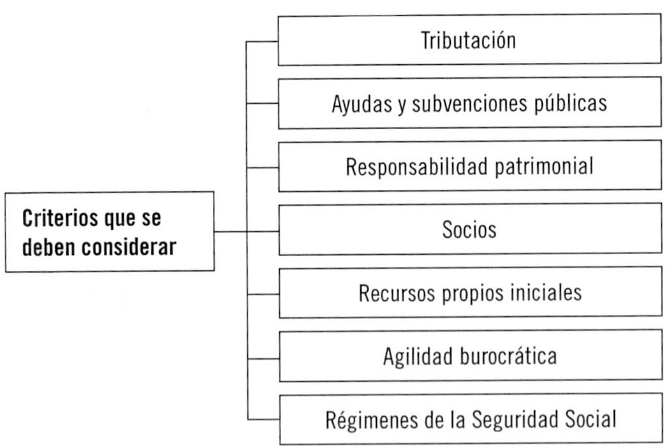

A continuación, se van a explicar las características fundamentales de las formas jurídicas más habituales en nuestro país.

Actividades

9. ¿Qué es la responsabilidad patrimonial? ¿Qué significa que el empresario tiene una responsabilidad patrimonial ilimitada? Ponga un ejemplo.

4.2. Empresario individual

El empresario individual es aquel que realiza una actividad económica o profesional con ánimo de lucro de forma habitual por su propia cuenta y de forma personal y directa.

Es importante señalar que, aunque los empresarios individuales se denominen habitualmente autónomos, se trata de dos figuras diferentes.

El empresario individual es la forma jurídica de aquellas empresas que son gestionadas por solo una persona, mientras que un autónomo es el régimen de la Seguridad Social al que se inscriben los empresarios individuales, además de otro tipo de empresarios.

Un empresario individual será, con gran probabilidad, un empresario autónomo. Sin embargo, un autónomo no tiene por qué ser un empresario individual.

Respecto al empresario autónomo, está reglamentado en la Ley 20/2007 del Estatuto del Trabajo Autónomo que lo define del siguiente modo:

> *Personas físicas que realicen de forma habitual, personal, directa, por cuenta propia y fuera del ámbito de dirección y organización de otra persona, una actividad económica o profesional a título lucrativo, den o no ocupación a trabajadores por cuenta ajena.*

Así mismo, la Ley 20/2007 también define la figura del empresario autónomo dependiente como aquel en el que un empresario es su cliente principal y de este provienen, como mínimo, el 75 % de los ingresos del trabajador por rendimientos del trabajo y de actividades económicas o profesionales.

Sabía que...

El empresario autónomo dependiente es una forma jurídica creada muy recientemente con la finalidad de combatir la utilización de falsos autónomos para evitar la contratación de trabajadores propios.

Para que la actividad económica/empresarial de un trabajador autónomo sea considerada como económicamente dependiente, la Ley 20/2007 establece que deben cumplirse las siguientes condiciones:

- *No tener a su cargo trabajadores por cuenta ajena ni contratar o subcontratar parte o toda la actividad con terceros, tanto respecto de la actividad contratada con el cliente del que depende económicamente, como de las actividades que pudiera contratar con otros clientes.*
- *No ejecutar su actividad de manera indiferenciada con los trabajadores que presten servicios bajo cualquier modalidad de contratación laboral por cuenta del cliente.*
- *Disponer de infraestructura productiva y material propios, necesarios para el ejercicio de la actividad e independientes de los de su cliente, cuando en dicha actividad sean relevantes económicamente.*
- *Desarrollar su actividad con criterios organizativos propios, sin perjuicio de las indicaciones técnicas que pudiese recibir de su cliente.*
- *Percibir una contraprestación económica en función del resultado de su actividad, de acuerdo con lo pactado con el cliente y asumiendo riesgo y ventura de aquella.*

De este modo, todo trabajador autónomo que cumpla todos los requisitos mencionados podrá solicitar al cliente que se formalice un contrato de trabajador autónomo dependiente empleando una comunicación fehaciente.

Si el cliente presentase su negativa a formalizar este tipo de contrato o haya pasado un mes desde la comunicación fehaciente sin que se haya formalizado el contrato, el trabajador autónomo podrá acudir a la jurisdicción social para solicitar que se le reconozca la condición de trabajador autónomo económicamente dependiente.

Actividades

10. Busque algún ejemplo de empresa en la que sus trabajadores hayan reclamado por ser falsos autónomos y que, actualmente, tenga autónomos económicamente independientes. ¿Ha recibido la empresa algún tipo de amonestación por este hecho?

Aplicación práctica

Marta ha dejado el trabajo para abrir un negocio como autónoma. Tiene previsto abrir una peluquería, pero va a necesitar ayuda y ha pensado que puede decirle a su primo Jesús que trabaje con ella en la peluquería como autónomo, poniendo él por su cuenta todo el material que necesite para desarrollar su trabajo y cobrando en función de los ingresos que genere durante el mes.

Jesús, por su parte, sería el único trabajo y tiene dudas sobre si puede trabajar en el negocio como autónomo o si, por el contrario, debe ser contratado por Marta.

¿Sería posible que Jesús trabajase como autónomo? Justifique su respuesta.

Continúa en página siguiente >>

<< Viene de página anterior

SOLUCIÓN

Jesús puede establecerse como autónomo y trabajar para Marta en la peluquería.

No obstante, hay que tener en cuenta que, la Ley 20/2007, de 11 de julio, del Estatuto del trabajo autónomo, establece que, si se cumplen determinadas condiciones, el trabajador podría ser un trabajador autónomo económicamente dependiente.

De hecho, hay dos condiciones que debe cumplir el trabajador para ser considerado trabajador autónomo económicamente dependiente:

- Disponer de infraestructura productiva y material propios, necesarios para el ejercicio de la actividad e independientes de los de su cliente, cuando en dicha actividad sean relevantes económicamente.
- Percibir una contraprestación económica en función del resultado de su actividad, de acuerdo con lo pactado con el cliente y asumiendo riesgo y ventura de aquella.

Teniendo en cuenta que Jesús debe poner todo su material para trabajar y que su sueldo va a depender completamente de los ingresos que este genere, puede considerarse un trabajador autónomo dependiente.

Por ello, aunque Jesús puede seguir como autónomo, puede solicitar a Marta que lo contrate mediante un contrato laboral.

Características de una empresa formada por un empresario individual

La característica fundamental del empresario individual es que este responde con todo su patrimonio (tanto bienes como derechos presentes y futuros) de las deudas que puedan surgir como consecuencia del desarrollo de la actividad económica/profesional.

Las características fundamentales de un empresario individual son las siguientes:

- El mínimo de socios que lo configuran es de un socio.
- Como ya se ha comentado anteriormente, la responsabilidad del empresario individual frente a las deudas es ilimitada. La única excepción es el emprendedor de responsabilidad limitada (ERL).

- No es necesario aportar un capital mínimo.
- Los trabajadores se acogen habitualmente al Régimen Especial de Trabajadores Autónomos de la Seguridad Social.
- No hay un máximo de trabajadores contratados.

Además, es importante tener en cuenta que los beneficios que obtiene el empresario individual tributan por el Impuesto sobre las Personas Físicas (IRPF), en lugar de tributar por el Impuesto sobre Sociedades.

Importante

Los beneficios de un empresario individual tributan por el Impuesto sobre las Personas Físicas (IRPF). No obstante, dentro de este impuesto se puede tributar por estimación objetiva o por estimación directa. La estimación objetiva es lo comúnmente llamado tributación por módulos.

Por otra parte, si el futuro empresario quiere adoptar la forma jurídica de empresario individual debe saber que sus obligaciones contables son más simples que en el resto de sociedades. Además, cabe la posibilidad de realizar una aportación inicial del 100 % de su prestación por desempleo a través del proceso llamado "capitalización", en la que el empresario decide que toda o parte de la prestación por desempleo pendiente se cobre de una vez para aportarla como capital inicial en la futura empresa.

Eso sí, para poder percibir el desempleo en forma de pago único es necesario cumplir con los siguientes requisitos:

- No haber iniciado aún la actividad económica.
- No estar dado de alta aún en la Seguridad Social.
- Tener pendientes, como mínimo, tres mensualidades por recibir.
- No haber capitalizado su prestación por desempleo en los últimos 4 años.
- Acreditar que está dado de alta como autónomo.

- Comenzar a desarrollar la actividad en un plazo de un mes como máximo desde que se aprueba el pago único.
- No haber impugnado el despido que causó el desempleo. En este caso, hay que esperar hasta que la impugnación queda resuelta.

El emprendedor de responsabilidad limitada

La figura del emprendedor de responsabilidad limitada se regula en la Ley 14/2013, de 27 de septiembre, de apoyo a los emprendedores y su internacionalización, en la que se indica expresamente que: *el emprendedor persona física, cualquiera que sea su actividad, podrá limitar su responsabilidad por las deudas que traigan causa del ejercicio de dicha actividad empresarial o profesional mediante la asunción de la condición de "emprendedor de responsabilidad limitada".*

Eso sí, no todo el patrimonio estará exento de responsabilidad. La única parte del patrimonio personal exento de responsabilidad será su vivienda habitual, siempre que su valor no supere los 300.000 euros.

Trámites para la creación de una empresa formada por un empresario individual y un emprendedor de responsabilidad limitada

Un empresario individual (autónomo) no tiene obligación de llevar a cabo ningún trámite de constitución, bastaría con inscribirse en el Registro Mercantil, aunque no hay obligatoriedad al respecto.

Sin embargo, el emprendedor de responsabilidad limitada sí tiene una serie de trámites a realizar para poder constituirse:

- Emitir un acta notarial en el que se manifieste la constitución del emprendedor de responsabilidad limitada y los datos de la vivienda habitual que no estará sujeta a responsabilidad.
- Impuesto sobre Transmisiones Patrimoniales y Actos Jurídicos Documentados (ITPAJD). Aunque la creación de empresas está exenta del pago de este impuesto, sí hay que obtener el justificante del impuesto (modelo 600) por parte de la comunidad autónoma en la que se establece la empresa.
- Inscribir la empresa en el Registro Mercantil provincial.

En resumen, los trámites para la constitución de un empresario individual y de emprendedor de responsabilidad limitada son:

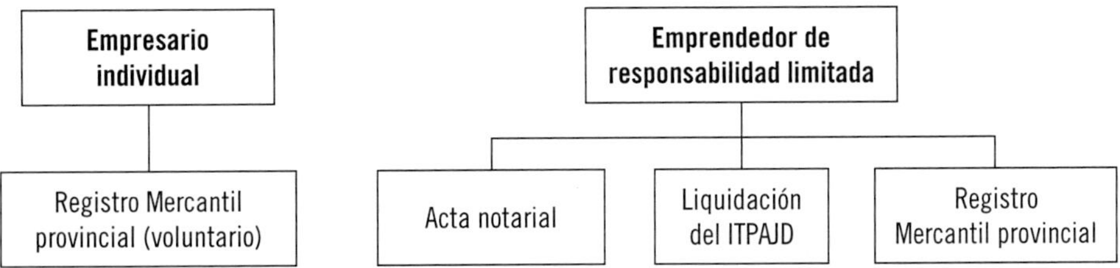

Aplicación práctica

Ana decide convertirse en emprendedora y abrir un negocio de arreglos de ropa.

Ha estado pensando mucho qué figura jurídica adoptar y, como no quiere responder con su patrimonio ante las deudas de la futura empresa, ha optado por ser un emprendedor de responsabilidad limitada.

Indique los trámites que Ana debe acometer para poder crear su empresa.

SOLUCIÓN

Si Ana hubiese elegido ser empresaria individual, no hubiese tenido que realizar ningún trámite para poder constituir su empresa.

Sin embargo, el emprendedor de responsabilidad limitada, debido precisamente a la limitación de su responsabilidad, sí tiene una serie de trámites a realizar para poder constituirse:

- Emitir un acta notarial en la que se manifieste la constitución del emprendedor de responsabilidad limitada y los datos de la vivienda habitual que no estará sujeta a responsabilidad.
- Impuesto sobre Transmisiones Patrimoniales y Actos Jurídicos Documentados (ITPAJD). Aunque la creación de empresas está exenta del pago de este impuesto, sí hay que obtener el justificante del impuesto (modelo 600) por parte de la comunidad autónoma en la que se establece la empresa.
- Inscribir la empresa en el Registro Mercantil provincial.

Trámites para la puesta en marcha de una empresa formada por un empresario individual y un emprendedor de responsabilidad limitada

Para poder ponerlas en marcha, hay que realizar lo siguiente:

- Dar de alta su actividad económica/empresarial en el censo de empresarios, profesionales y retenedores a través de la declaración censal de comienzo, modificación o cese de actividad.
- Dar de alta la actividad en el Impuesto sobre Actividades Económicas (IAE) a efectos de pagar dicho tributo.
- Darse de alta en el Régimen Especial de Trabajadores Autónomos.
- Obtener un certificado electrónico para poder firmar documentos electrónicamente y llevar a cabo todos los trámites y comunicaciones con los organismos correspondientes.

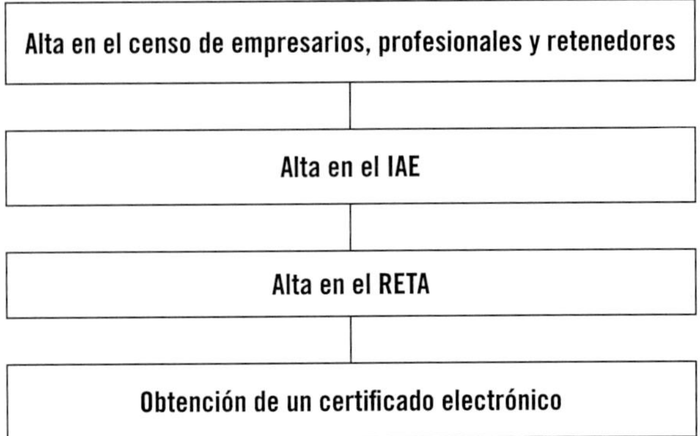

Actividades

11. ¿Cuáles son las principales diferencias entre un empresario individual y un emprendedor de responsabilidad limitada? Si quisiera poner un negocio, ¿qué forma jurídica entre estas dos elegiría? Justifique su respuesta.

Aplicación práctica

Javier ha estado muchos años trabajando como pintor por cuenta ajena y quiere establecerse por su cuenta mediante la figura jurídica del empresario individual.

Indique los trámites que deberá seguir para la constitución de la figura de empresario individual y poder comenzar su actividad.

SOLUCIÓN

Un empresario individual tiene la ventaja de la escasez de trámites burocráticos para poder comenzar su actividad.

De hecho, para poder constituirse como empresario individual no tiene ninguna obligación de llevar a cabo algún trámite de constitución. Sería suficiente con inscribirse en el Registro Mercantil central. No obstante, se trataría de un trámite completamente voluntario, sin haber ninguna obligatoriedad al respecto y, por supuesto, sin haber ningún tipo de sanción por no realizarlo.

Respecto a la puesta en marcha de la actividad, sí es necesario realizar los siguientes trámites:

- Dar de alta su actividad económica/empresarial en el censo de empresarios, profesionales y retenedores a través de la declaración censal de comienzo, modificación o cese de actividad.
- Dar de alta la actividad en el Impuesto sobre Actividades Económicas (IAE) a efectos de pagar dicho tributo.
- Darse de alta en el Régimen Especial de Trabajadores Autónomos (RETA).
- Obtener un certificado electrónico para poder firmar documentos electrónicamente y llevar a cabo todos los trámites y comunicaciones con los organismos correspondientes.

4.3. Comunidad de bienes

Una comunidad de bienes es una figura jurídica que se caracteriza por constituirse mediante un acuerdo de un mínimo de dos personas (que suelen ser empresarios autónomos) que son propietarios o titulares de algún bien o derecho indivisible y que quieren iniciar un proyecto empresarial común a través de la explotación de dicho bien/derecho.

Es decir, una comunidad de bienes es una figura jurídica intermedia entre un empresario individual y una sociedad mercantil.

La finalidad principal de una comunidad de bienes es la explotación, mantenimiento y aprovechamiento del bien/derecho que se tiene en común. Si lo que se pretende es explotar un negocio en comunidad de bienes, no serán necesarios grandes trámites para su constitución; bastará con un contrato público o privado.

Eso sí, si se van a aportar bienes o derechos reales al negocio, habrá que constituir la comunidad de bienes ante notario.

Otras características fundamentales de esta figura jurídica son las siguientes:

- No hay capital mínimo necesario para su constitución.
- El número mínimo de comuneros es de dos, aunque no hay número máximo.
- Los socios pueden aportar solamente bienes o, incluso, aportar una cantidad de dinero determinada o trabajo. No obstante, no cabe la posibilidad de aportar solo dinero o trabajo.
- El nombre de la comunidad es a decisión de los comuneros, pero tiene que terminar con las siglas C.B. o Comunidad de bienes.
- Si no hay un pacto expreso, cualquiera de los comuneros puede llevar la gestión y administración de la comunidad de bienes.
- Las pérdidas y los beneficios de la comunidad se reparten según pacten los comuneros. Si no hubiese pacto, se repartirían según lo que cada uno haya aportado.
- La responsabilidad patrimonial de los comuneros es ilimitada y personal, lo que implica que responderán con su patrimonio ante las deudas de la comunidad de bienes.
- Tributan en el Impuesto sobre la Renta de las Personas Físicas (IRPF) en los rendimientos por actividades económicas.

Importante

La responsabilidad patrimonial ilimitada no se limita al patrimonio del empresario en un momento determinado, sino que este responde con su patrimonio actual y futuro.

Trámites para la constitución de una comunidad de bienes

Tal y como se ha comentado anteriormente, para crear una comunidad de bienes hay que formalizar un contrato privado o público en el que se definan la actividad del negocio, las aportaciones de los socios y la participación de cada socio en el resultado del negocio. Además, también habrá que incluir la utilización de los elementos comunes y cómo se va a administrar la comunidad de bienes. Si se aportan bienes inmuebles o derechos reales, deberá constituirse mediante una escritura pública.

Además del contrato/escritura, el resto de trámites para la constitución y puesta en marcha de la comunidad de bienes son los siguientes:

- Declaración previa antes de iniciar la actividad en la Agencia Tributaria a través de la presentación del modelo 036 o 037.
- Solicitud del NIF de la comunidad de bienes.
- Liquidación del ITPAJD por la operación societaria de constitución de la comunidad de bienes.

Actividades

12. ¿Es gratuita la liquidación del Impuesto sobre Transmisiones Patrimoniales y Actos Jurídicos Documentados por la constitución de una comunidad de bienes o hay que pagar algún tipo de tasa?

4.4. Sociedad comanditaria

La sociedad comanditaria es una sociedad mercantil personalista con un mínimo de dos socios que está formada por dos tipos de socios:

- **Socios colectivos:** aportan capital y trabajo y responden a las deudas de la empresa de forma personal, solidaria, subsidiaria e ilimitada.
- **Socios comanditarios:** aportan solamente capital y su responsabilidad frente a las deudas se limita a la aportación realizada.

Atendiendo al tipo de socios que tiene la sociedad comanditaria, estas se clasifican en dos tipos:

Otra diferencia básica entre los socios colectivos y los comanditarios es la relativa a sus derechos:

- **Socios colectivos:** tienen derecho a participar en la gestión de la sociedad, a ser informados y a participar en las ganancias de la sociedad. En caso de liquidación de la empresa, también tienen derecho al patrimonio que resulte de dicha liquidación.
- **Socios comanditarios:** también tienen derecho a participar en las ganancias de la empresa y al patrimonio resultante en caso de liquidación de la sociedad.

En cualquiera de las dos opciones, la sociedad comanditaria tributa por el Impuesto sobre Sociedades.

Trámites para la constitución de una sociedad comanditaria

La constitución de una sociedad comanditaria conlleva una serie de trámites más complejos que restan agilidad al proceso. Los trámites para su constitución son los siguientes:

- Obtener una certificación negativa del nombre que pretende darse a la sociedad en el Registro Mercantil central.
- Obtener el NIF de la sociedad en la Agencia Tributaria.
- Formalizar ante notario la escritura pública de constitución e inscribirla en el Registro Mercantil.
- Liquidar el Impuesto sobre Transmisiones Patrimoniales y Actos Jurídicos Documentados ante la Consejería de Hacienda de la comunidad autónoma.
- Inscribir la empresa en el Registro Mercantil provincial.

Respecto a la escritura de constitución que hay que firmar ante notario, el contenido básico a adjuntar se resume en la siguiente tabla:

Escritura de constitución de la sociedad comanditaria
- Nombre, apellidos y domicilio de cada uno de los socios. - Razón social de la empresa. - Nombre, apellidos y domicilio de los socios que van a encargarse de la gestión de la sociedad y que van a utilizar la firma social. - Capital aportado por cada socio, con la valoración correspondiente. - Duración de la sociedad. - Cantidad asignada a cada socio gestor para asumir sus gastos particulares. - Pactos y condiciones especiales establecidas por los socios.

4.5. Sociedad colectiva

Las sociedades colectivas vienen reguladas en los artículos 125-144 del Código de Comercio. Se define como una sociedad mercantil personalista en la que todos los socios se comprometen a participar de los mismos derechos y las mismas obligaciones, en la proporción establecida en la escritura de constitución.

Además, los socios responden de forma subsidiaria, personal y solidaria de las deudas de la sociedad, aunque la empresa tributa por el Impuesto sobre Sociedades.

Está formada por un mínimo de dos socios con responsabilidad ilimitada y no hay un mínimo legal de aportación para su constitución.

Se distingue entre dos tipos de socios:

- **Socios capitalistas:** socios colectivos que aportan bienes y trabajo a la sociedad y se encargan de su gestión. Por ello, participan en las ganancias y en las pérdidas de la empresa.
- **Socios industriales:** socios colectivos cuya aportación se limita a su trabajo (servicios o actividad general). Estos participan en las ganancias de la sociedad, pero solo participan en las pérdidas, si se pacta expresamente. Tampoco participan en la gestión de la sociedad, salvo que se establezca lo contrario.

Trámites para la constitución de una sociedad colectiva

Los trámites a realizar para constituir una sociedad colectiva son:

- Obtener una certificación negativa del nombre que pretende darse a la sociedad en el Registro Mercantil central.
- Obtener el NIF de la sociedad en la Agencia Tributaria.
- Formalizar ante notario la escritura pública de constitución e inscribirla en el Registro Mercantil.
- Liquidar el Impuesto sobre Transmisiones Patrimoniales y Actos Jurídicos Documentados ante la Consejería de Hacienda de la comunidad autónoma.
- Inscribir la empresa en el Registro Mercantil provincial.

Respecto a la escritura de constitución que hay que firmar ante notario, el contenido básico a adjuntar se resume en la siguiente tabla:

Escritura de constitución de la sociedad colectiva
- Nombre, apellidos y domicilio de cada uno de los socios. - Razón social. - Nombre, apellidos y domicilio de los socios que van a encargarse de la gestión de la sociedad y que van a utilizar la firma social. - Capital aportado por cada socio (en dinero en efectivo, créditos o efectos), con la valoración correspondiente. - Duración de la sociedad. - Cantidad asignada a cada socio gestor para asumir sus gastos particulares. - Pactos y condiciones especiales establecidas por los socios.

Respecto a la primera inscripción de la sociedad colectiva en el Registro Mercantil provincial, deberá constar lo que se muestra en la siguiente tabla:

Primera inscripción de la sociedad colectiva en el Registro Mercantil
- Identidad de los socios. - Razón social. - Domicilio de la sociedad. - Si está determinado, objeto social. - Fecha de inicio de las operaciones societarias. - Duración de la sociedad. - Aportación de cada socio, con su valor correspondiente y el título en que se realiza. - Capital social (excepto en sociedades colectivas en las que solo hay socios industriales). - Socios que tienen encomentada la administración y representación de la sociedad, con la asignación anual que reciben para sus gastos particulares. - Pactos lícitos que están incluidos en la escritura de la sociedad.

Aplicación práctica

Unos trabajadores de una empresa de informática han decidido dejar su empresa para poder crear una sociedad colectiva y no tienen muy claros los trámites que deben realizar para poder constituirla.

Continúa en página siguiente >>

<< Viene de página anterior

Para ello, han acudido a usted, asesor fiscal, que debe indicarles los trámites a seguir, haciendo hincapié en la escritura de constitución de la sociedad y en el contenido mínimo de la misma.

Indique qué tramites deben seguir para la constitución de la sociedad y el contenido que debe incluir la escritura de constitución.

SOLUCIÓN

Los trámites a realizar para constituir una sociedad colectiva son los siguientes:

- Obtener una certificación negativa del nombre que pretende darse a la sociedad en el Registro Mercantil central.
- Obtener el NIF de la sociedad en la Agencia Tributaria.
- Formalizar ante notario la escritura pública de constitución e inscribirla en el Registro Mercantil.
- Liquidar el Impuesto sobre Transmisiones Patrimoniales y Actos Jurídicos Documentados ante la Consejería de Hacienda de la comunidad autónoma.
- Inscribir la empresa en el Registro Mercantil provincial.

Respecto a la escritura de constitución, el contenido mínimo que debe contener para poder ser inscrita en el Registro Mercantil es el siguiente:

- Nombre, apellidos y domicilio de cada uno de los socios.
- Razón social.
- Nombre, apellidos y domicilio de los socios que van a encargarse de la gestión de la sociedad y que van a utilizar la firma social.
- Capital aportado por cada socio (en dinero en efectivo, créditos o efectos), con la valoración correspondiente.
- Duración de la sociedad.
- Cantidad asignada a cada socio gestor para asumir sus gastos particulares.
- Pactos y condiciones especiales establecidas por los socios.

4.6. Sociedad cooperativa

La sociedad cooperativa está formada por personas que se asocian libre y voluntariamente para realizar actividades empresariales con la finalidad de satisfacer sus necesidades, tanto económicas como sociales.

El capital aportado a la sociedad es el que esté establecido en los estatutos de la sociedad (que debe desembolsarse por completo en el momento de su constitución) y tiene una estructura democrática donde cada socio tiene un voto.

La responsabilidad de los socios se limita a la aportación realizada al capital social y la sociedad tributa en el Impuesto sobre Sociedades.

Se distingue entre dos tipos de socios:

- **Socios cooperativistas:** son aquellos que aportan trabajo y participan en la actividad de la sociedad.
- **Socios colaboradores:** se trata de aquellos que solo aportan capital. El total de las aportaciones de este tipo de socios está limitado al 45 % de capital social total. En número, el total de socios capitalistas no puede superar a un tercio del total de socios.

Las sociedades cooperativas, además de tener a los socios que aportan trabajo, pueden contratar a trabajadores por cuenta ajena. Eso sí, el total de trabajadores por cuenta ajena no puede superar el 10 % del total de los socios cooperativistas y no pueden trabajar más del 30 % de las horas anuales que desempeñan los socios trabajadores.

Actualmente, las sociedades cooperativas se clasifican de la siguiente manera:

- **Cooperativas de primer grado:** sus socios son personas físicas y jurídicas y deben estar formadas por un mínimo de tres socios.
- **Cooperativas de segundo grado:** están formadas por un mínimo de dos cooperativas.

Aplicación práctica

Un grupo de amigos que se dedican al sector de la madera quieren abrir un negocio de carpintería y se están planteando crear una cooperativa.

Continúa en página siguiente >>

<< Viene de página anterior

De 10 socios que quieren constituir la cooperativa, 6 van a aportar su trabajo valorado en 10.000 euros por persona y los 4 socios restantes no van a aportar trabajo y, a cambio, aportarán 60.000 € entre todos ellos.

Indique qué tipo de socio serían los distintos socios de la cooperativa y si la empresa se podría constituir legalmente.

SOLUCIÓN

Respecto a la tipología de socios de la cooperativa, los 6 socios que van a aportar solo trabajo serán socios cooperativistas, mientras que los cuatro socios que van a aportar solo capital serán socios colaboradores.

La normativa indica que los socios colaboradores no pueden aportar más del 45 % del capital social y que el número total de estos socios capitalistas no puede superar a un tercio del total de socios.

Si se analiza la cantidad de socios de cada tipo en la cooperativa se obtiene lo siguiente:

- Total de socios: 10
- Socios capitalistas: 4
- Socios cooperativistas: 6

Viendo las cifras de los tipos de socios, se obtiene que los socios capitalistas son un 40 % del total de socios, por lo que no podría constituirse la cooperativa.

Respecto a la condición de las aportaciones, las aportaciones de cada tipo de socio serían las siguientes:

- Socios colaboradores: 60.000 €.
- Socios cooperativistas: 4 x 10.000 € = 40.000 €.
- Total de aportaciones: 100.000 €.

La aportación de los socios colaboradores es del 60 % del capital total. Considerando que supera al 45 % establecido por ley, tampoco se podría constituir la cooperativa.

Trámites para la constitución de una sociedad cooperativa

Los trámites a realizar para constituir una sociedad cooperativa son:

- Obtener una certificación negativa del nombre de la sociedad en el Registro de Sociedades Cooperativas del Ministerio de Trabajo y Economía Social (o de la comunidad autónoma).
- Obtener el NIF de la sociedad en la Agencia Tributaria.
- Formalizar ante notario la escritura pública de constitución.
- Liquidar el Impuesto sobre Transmisiones Patrimoniales y Actos Jurídicos Documentados ante la Consejería de Hacienda de la comunidad autónoma.
- Inscribir la escritura pública de constitución de la sociedad en el Registro de Sociedades Cooperativas.

Respecto a la escritura de constitución que hay que firmar ante notario, el contenido básico a adjuntar se resume en la siguiente tabla:

Escritura de constitución de la sociedad cooperativa
- Identidad de los otorgantes. - Manifestación expresa, de que los otorgantes, de que cumplen con los requisitos necesarios para ser socios. - Voluntad de constituir la sociedad cooperativa y clase de la sociedad en cuestión. - Acreditación de que los otorgantes han realizado la aportación obligatoria mínima al capital social. - Valor de las aportaciones no dinerarias, si las hubiese. - Pactos y condiciones especiales establecidas por los socios. - Estatutos de la cooperativa.

4.7. Sociedad limitada

La sociedad limitada o sociedad de responsabilidad limitada es una sociedad en la que el capital social está dividido en participaciones sociales correspondientes a las aportaciones de todos los socios. La responsabilidad de los socios es limitada, por lo que no responden de forma personal de las deudas sociales.

Esta sociedad es de carácter mercantil, tiene personalidad propia y puede estar formada por un mínimo de un socio. Si está formada por un solo socio, la forma jurídica será de sociedad limitada unipersonal. Tributa por el Impuesto sobre Sociedades.

Es la forma societaria más utilizada para la pequeña y mediana empresa, gracias a la responsabilidad limitada de los socios y al capital social mínimo necesario para su constitución.

El capital mínimo es de 3.000 euros y debe estar completamente desembolsado en el momento de la constitución de la sociedad.

Las participaciones pueden estar en forma de dinero en efectivo o de bienes o derechos patrimoniales que puedan valorarse de forma académica. A diferencia de otras sociedades, en las sociedades limitadas las aportaciones de los socios no pueden llevarse a cabo a través del trabajo.

Importante

En una sociedad limitada, las participaciones sociales no pueden tener en ningún caso la naturaleza de valores, por lo que, a diferencia de las sociedades anónimas, no pueden denominarse ni ser consideradas acciones.

Trámites para la constitución de una sociedad limitada

Los trámites a realizar para constituir una sociedad limitada son los siguientes:

- Obtener una certificación negativa del nombre que pretende darse a la sociedad en el Registro Mercantil central.
- Obtener el NIF de la sociedad en la Agencia Tributaria.
- Formalizar ante notario la escritura pública de constitución de la sociedad.

- Liquidar el Impuesto sobre Transmisiones Patrimoniales y Actos Jurídicos Documentados ante la Consejería de Hacienda de la comunidad autónoma.
- Inscribir la escritura pública de constitución de la sociedad en el Registro Mercantil provincial.

Respecto a la escritura de constitución que hay que firmar ante notario, el contenido básico a adjuntar se resume en la siguiente tabla:

Escritura de constitución de la sociedad limitada
- Identidad de los socios. - Voluntad de constituir la sociedad de responsabilidad limitada. - Aportaciones que realiza cada socio y numeración de las participaciones asignadas en el pago de dichas aportaciones. - Forma en la que se va a organizar la administración de la sociedad inicialmente (si los estatutos prevén otras formas posibles de administración). - Identidad del encargado o encargados de la administración y de la representación social de la sociedad. - Pactos y condiciones especiales establecidas por los socios. - Estatutos de la sociedad.

Respecto a los estatutos de constitución de la sociedad que se presentan en el Registro Mercantil provincial, deberán estar formados, como mínimo, por la información que se muestra en la siguiente tabla:

Estatutos de la sociedad de responsabilidad limitada
- Denominación de la sociedad. - Objeto social, describiendo las actividades que forman parte de este. - Domicilio de la sociedad. - Capital social, las participaciones que lo conforman, su valor nominal, su numeración correlativa y, en el caso de tratarse de participaciones desiguales, los derechos que cada tipo de participación otorga a los socios, su cuantía y la extensión de estos. - Forma en la que se va a administrar la sociedad, cantidad de administradores o, como mínimo, el número mínimo y máximo de administradores. - Plazo de duración de la administración de la sociedad y, si lo hubiese, su retribución. - Forma de deliberar y acordar los acuerdos que adopten los órganos colegiados de la sociedad limitada.

Aplicación práctica

Un grupo de futuras socias han decidido crear una sociedad limitada. Están ya con los trámites de constitución de la sociedad y están redactando su escritura de constitución. La información que van a incluir es la siguiente:

- **Nombre completo de los socios: Juana Ortiz y Marta Gómez.**
- **Voluntad de constituir la sociedad limitada.**
- **La administración de la sociedad la llevará Juana Ortiz.**
- **Han establecido una serie de pactos internos que también incluyen en la sociedad.**
- **El capital total aportado es de 30.000 €.**
- **Los estatutos de la sociedad.**

Valore si el contenido de la escritura de constitución es correcto o, por el contrario, es necesario modificar algún apartado.

SOLUCIÓN

La escritura de constitución de una sociedad limitada debe contener, como mínimo, la siguiente información:

- Identidad de los socios.
- Voluntad de constituir la sociedad.
- Aportaciones que realiza cada socio y numeración de las participaciones asignadas en el pago de éstas.
- Forma en la que se va a organizar la administración de la sociedad inicialmente (si los estatutos prevén otras formas posibles de administración).
- Identidad del encargado o encargados de la administración y de la representación social de la sociedad.
- Pactos y condiciones especiales establecidas por los socios.
- Estatutos de la sociedad.

Si se analiza el contenido que quieren incluir las socias, se puede ver que está toda la información salvo un apartado.

Se indica que el capital total aportado es de 30.000 €, sin especificar cuánto aporta cada socio. Sin embargo, es obligatorio incluir en la escritura de constitución las aportaciones que realiza cada uno de los socios y la numeración de las participaciones en el pago de dichas aportaciones, por lo que, habría que modificar este apartado para poder dar validez a la escritura.

Ejemplo de escritura de constitución de una sociedad de responsabilidad limitada

Aunque cada escritura de constitución es distinta, a continuación, se muestra un ejemplo de escritura tipo:

En________________, mi residencia, a catorce de agosto de dos mil________.

Ante mí,______________________, Notario del Ilustre Colegio de esta capital.

COMPARECEN

Don____, nacido el día_______ de ____________________de_______, soltero, vecino de______________________, con domicilio en__________________________________, titular del DNI número ____________________, y

Don____, nacido el día_______ de ____________________de_______, soltero, vecino de______________________, con domicilio en__________________________________, titular del DNI número ____________________

Ambos de nacionalidad española, intervienen en sus propios nombres.

Tienen a mi juicio, capacidad para otorgar esta escritura de constitución de sociedad de responsabilidad limitada, y

OTORGAN

I.- CONSTITUCIÓN.- Los señores comparecientes manifiestan su voluntad de constituir, y constituyen como fundadores y únicos socios, una Sociedad española, con la denominación de____ ______, cuyo objeto, duración, domicilio, capital y demás circunstancias, resultan de los Estatutos, que me entregan para su unión a esta matriz, y que, una vez leídos por mí en este otorgamiento, y firmados por los comparecientes, son aprobados por ellos y elevados a escritura pública, extendidos en nueve folios de papel blanco común, mecanografiados.

Continúa en página siguiente >>

<< Viene de página anterior

II.- REGIMEN JURIDICO.- Se regirá por la Ley de Régimen Jurídico de las Sociedades de Responsabilidad Limitada, y demás de general aplicación, y en especial por los Estatutos unidos a la presente.

III.- PRINCIPIO DE OPERACIONES.- La Sociedad que se constituye por tiempo indefinido da principio a sus operaciones el día ________de ________________del corriente año.

IV.- CAPITAL SOCIAL.- El capital social, es de__________________________EU-ROS, representado por____________participaciones sociales, de____________euros de valor nominal cada una, numeradas del uno al__________________.

V.- SUSCRIPCIÓN Y DESEMBOLSO DE LAS PARTICIPACIONES SOCIALES.- El capital social ha sido totalmente suscrito y desembolsado por los socios en la forma y proporción siguiente:

Don____________________suscribe__________________participaciones sociales, números_____al ______________, por su valor de____________________________ euros.

Y Don__________________, suscribe______________ participaciones sociales, números________________al________________, por su valor de___________euros.

Los comparecientes me entregan dos certificaciones expedidas por el Banco Santander, S. A., acreditativas del ingreso en la cuenta corriente que la sociedad tiene en dicha entidad bancaria, del importe de las suscripciones efectuadas, cuyas certificaciones, las dejo unidas a esta matriz.

VI.- NOMBRAMIENTO DE ADMINISTRADORES.- Los señores comparecientes, dan a este acto el carácter de Junta General Universal de Socios y, por unanimidad, acuerdan: nombran administradores de la Sociedad, a: Don ______________________________y Don______________________________, de las circunstancias que constan en la comparecencia de esta escritura, quienes ejercerán el cargo INDISTINTAMENTE, por tiempo indefinido.

Presentes en este acto, aceptan el cargo, haciendo constar que no están incursos en prohibiciones, limitaciones, ni incompatibilidades para el ejercicio del mismo.

Continúa en página siguiente >>

<< Viene de página anterior

VII.- Los señores comparecientes me entregan a mí, Notario, certificación del Registro Mercantil central, acreditativa de que no hay otra sociedad constituida con igual nombre, la cual, dejo unida a esta matriz.

Hago las reservas y advertencias legales; en particular, y a efectos fiscales, advierto de las obligaciones y responsabilidades tributarias que incumben a las partes, en su aspecto material, formal y sancionador, y de las consecuencias de toda índole que se derivarían de la inexactitud de sus declaraciones.

Leo esta escritura a los señores comparecientes por su elección, la encuentran conforme, y firman.

De conocerles, y de todo lo consignado en la misma, que queda redactada en tres folios de papel notarial, serie Q, números: 8.000.000, 8.000.001 y 8.000.002, yo Notario, doy fe. Siguen las firmas de Don __________________ y Don____________________.

Signado: _________________________. Rubricados y sellado.

Firma de los comparecientes:

4.8. Sociedad anónima

La sociedad anónima es una sociedad mercantil con personalidad propia en la que el capital social está dividido en participaciones sociales, denominadas acciones. Los socios tienen responsabilidad limitada, por lo que no responden personalmente ante las deudas de la sociedad.

Basta con un socio para constituir la sociedad y el capital social mínimo para poder constituirla es de 60.000 €. El importante desembolso mínimo inicial para constituir una sociedad anónima es el principal motivo por el cual muchas pequeñas y medianas empresas prefieren otras formas jurídicas, como la sociedad de responsabilidad limitada, para crear su sociedad.

Este tipo de empresa tributa por el Impuesto sobre Sociedades.

Trámites para la constitución de una sociedad anónima

Los trámites a realizar para constituir una sociedad anónima son:

- Obtener una certificación negativa del nombre que pretende darse a la sociedad en el Registro Mercantil central.
- Obtener el NIF de la sociedad en la Agencia Tributaria.
- Formalizar ante notario la escritura pública de constitución de la sociedad.
- Liquidar el Impuesto sobre Transmisiones Patrimoniales y Actos Jurídicos Documentados ante la Consejería de Hacienda de la comunidad autónoma.
- Inscribir la escritura pública de constitución de la sociedad en el Registro Mercantil provincial.

Respecto a la escritura de constitución que hay que firmar ante notario, el contenido básico a adjuntar se resume en la siguiente tabla:

Escritura de constitución de la sociedad anónima

- Identidad de los socios.
- Voluntad de los socios de constituir la sociedad anónima.
- Aportaciones que realiza o se obliga a realizar cada socio, en metálico, en forma de bienes o en forma de derechos.
- Gastos de constitución de la sociedad.
- Identidad del encargado o encargados de la administración y de la representación social de la sociedad, junto con su nacionalidad y domicilio.
- Estatutos de la sociedad.

Respecto a los estatutos de constitución de la sociedad que se presentan en el Registro Mercantil provincial, deberán estar formados, como mínimo, por la información que se muestra en la siguiente tabla:

Estatutos de constitución de la sociedad anónima

- Denominación de la sociedad.
- Objeto social.
- Domicilio de la sociedad.
- Capital social, indicando, en el caso de que no se haya desembolsado completamente el capital inicial, la parte no desembolsada, junto con la forma y el plazo máximo para realizar el desembolso.
- Tipos de acciones y las series (si existiesen), parte del valor nominal que está pendiente de ser desembolsado, forma y plazo para desembolsarlo e indicación de si las acciones se representan mediante título o anotación en cuenta.
- Forma en la que se va a administrar la sociedad, cantidad de administradores o, como mínimo, el número mínimo y máximo de administradores.
- Plazo de duración de la administración de la sociedad y, si lo hubiese, su retribución.
- Forma de deliberar y adoptar los acuerdos.
- Fecha en la que se van a iniciar las operaciones.
- Duración de la sociedad anónima.
- Fecha en la que se va a cerrar el ejercicio social. Si no se indica ninguna fecha, esta será el 31 de diciembre de cada año por defecto.
- Si se estipulan, restricciones a la transmisibilidad de las acciones.
- Régimen por el que se van a regir las prestaciones accesorias.
- Derechos especiales que tienen los socios fundadores o los socios promotores de la sociedad.

Actividades

13. Busque un modelo de escritura de constitución de sociedad anónima y compárela con el modelo de escritura de constitución de una sociedad de responsabilidad limitada de este capítulo.

4.9. Sociedad laboral

Aquellas sociedades anónimas y sociedades de responsabilidad limitada en las que su capital social sea, en su mayoría, propiedad de trabajadores que llevan a cabo en ellas servicios retribuidos de forma personal y directa mediante un contrato indefinido, pueden ser calificadas como sociedades laborales.

Los trámites para su constitución son los mismos que en las sociedades anónimas y en las sociedades limitadas (respectivamente) y, en ambos casos, se tributa también por el Impuesto sobre Sociedades.

Las sociedades laborales se regulan en la Ley 44/2015, de 14 de octubre, de Sociedades Laborales y Participadas.

Los requisitos que deben cumplir las sociedades anónimas y limitadas para ser calificadas como sociedades se muestran en el siguiente esquema:

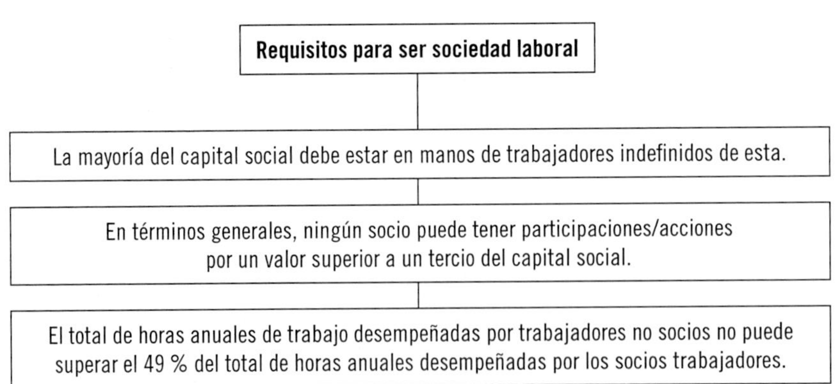

Ventajas e inconvenientes de las figuras jurídicas

La elección de la figura jurídica a adoptar en el momento de crear una empresa va a determinar, en mayor medida, los requisitos a cumplir, las obligaciones que van a tener que cumplirse a lo largo de la vida de la empresa y las implicaciones que puede tener la actividad empresarial sobre el patrimonio de los socios.

Por ello, para decidir qué figura societaria adoptar, hay que tener en cuenta las siguientes ventajas e inconvenientes:

- **Capital social mínimo:** la constitución de una sociedad anónima, una sociedad anónima laboral o de una sociedad comanditaria requiere de un capital mínimo de 60.000 €. Sin embargo, otras figuras como la sociedad limitada o el empresario individual requieren aportaciones iniciales muy inferiores. Si se dispone de una financiación limitada inicial, hay que tener en cuenta que hay figuras societarias que no van a poderse constituir.
- **Responsabilidad ante las deudas sociales:** la responsabilidad frente a las deudas de la sociedad es un aspecto fundamental que se debe considerar en el momento de decidir la figura societaria de la empresa. Hay que tener en cuenta que figuras como el empresario individual responden de las deudas de la sociedad con su patrimonio personal, con lo que el riesgo a asumir es mucho más elevado que con otras figuras.
- **Control de los socios sobre la gestión y administración de la empresa:** en empresas con gran número de socios, la gestión queda en manos de algunos o de todos los socios, por lo que, si se quiere tener un control total del funcionamiento de la empresa, la forma jurídica más ventajosa sería la de empresario individual o la de una sociedad unipersonal.
- **Cambios en la composición social de la empresa:** es posible que, en un futuro, los socios de la empresa quieran realizar una ampliación de capital para captar más financiación o modificar la identidad de los socios. En estos casos, sería más adecuado crear una sociedad anónima o una sociedad limitada más que un empresario individual o una sociedad laboral.

- **Actividad que va a llevar a cabo la empresa:** hay que considerar que hay determinadas actividades económicas que solo pueden llevarse a cabo bajo una figura jurídica determinada.
- **Número de socios:** si son varios los socios que van a participar en la constitución de la empresa siempre será más recomendable crear una figura societaria más que un empresario individual. Por definición, tampoco sería posible crear una sociedad unipersonal. Sin embargo, si solo va a haber un socio, pero se desea limitar la responsabilidad, lo más adecuado es una sociedad unipersonal.
- **Fiscalidad:** según la figura jurídica adoptada, se tributará por el IRPF o por el Impuesto sobre Sociedades, con las obligaciones periódicas que ello conlleva. Por ello, antes de constituirla, hay que evaluar cuál va a ser la tributación y la carga fiscal que deberá asumirse en cada caso con los gastos e ingresos previstos en los primeros ejercicios de funcionamiento empresarial.
- **Subvenciones y bonificaciones fiscales:** hay sociedades que gozan de bonificaciones fiscales y subvenciones. Antes de decidirse por una forma jurídica u otra, hay que realizar una búsqueda sobre las bonificaciones fiscales a las que poder acogerse y las subvenciones que pueden obtener para su puesta en marcha.

Aplicación práctica

Elena y Manuel quieren crear una empresa de fabricación de perfumes, tienen un capital de 20.000 € y tienen previsto contratar a varios empleados.

Teniendo en cuenta la cantidad de socios, el capital inicial del que disponen y que no están dispuestos a responder con su patrimonio personal ante las posibles deudas de la empresa, asesóreles sobre la forma jurídica más adecuada para constituir su negocio.

SOLUCIÓN

Por el hecho de ser más de un socio, ya se descarta la opción de crear un negocio con forma de empresario individual, emprendedor de responsabilidad limitada, sociedad anónima unipersonal y sociedad limitada unipersonal.

Si se analiza el capital inicial del que disponen no pueden constituir una sociedad anónima, ya que esta requiere una aportación inicial mínima de 60.000 €.

Teniendo en cuenta también que tienen que contratar personal y que solo son dos socios, lo más recomendable es crear una sociedad limitada.

De hecho, esta figura jurídica cumple con los requisitos que quieren establecer los socios:

- Se requiere un capital inicial mínimo de 3.000 €.
- Se requiere un mínimo de dos socios.
- La responsabilidad patrimonial de los socios es limitada.

5. Elaboración y análisis de los documentos de constitución y funcionamiento de las distintas formas jurídicas empresariales

Como se ha ido comentando, según la forma jurídica adoptada, los trámites para constituir una empresa difieren considerablemente.

No obstante, hay una serie de trámites que deben realizarse ante determinados organismos, independientemente de la forma jurídica que se vaya a adoptar. Estos se describen a continuación.

5.1. Agencia Estatal de Administración Tributaria (AEAT)

Los trámites que deben realizarse en la Agencia Estatal de la Administración Tributaria son los siguientes:

- Obtención del número de identificación fiscal o NIF.
- Alta en el Impuesto sobre Actividades Económicas.
- Alta en el Impuesto sobre el Valor Añadido (IVA).

Estos trámites se describirán con más detalle en un apartado posterior dedicado a las obligaciones fiscales del emprendedor.

5.2. Tesorería General de la Seguridad Social (TGSS)

Los trámites que deben realizarse en la Tesorería General de la Seguridad Social son los siguientes:

- **Inscripción del empresario en la Seguridad Social:** en esta inscripción, la TGSS otorga un número llamado Código de Cuenta de Cotización (CCC), que se utiliza para identificarlo y llevar a cabo sus obligaciones laborales ante dicho organismo.
- **Inscripción y afiliación de los trabajadores a la Seguridad Social:** si los trabajadores que va a contratar no están afiliados al sistema de la Seguridad Social, el empresario tiene la obligación de hacerlo. Tanto en ese caso como en el caso de que ya estén inscritos, se debe comunicar tanto el alta, como la baja, como cualquier modificación de todo trabajador que esté en su empresa.
- **Difusión y exhibición del calendario laboral:** el empresario puede obtener el calendario laboral en la sede electrónica de la Seguridad Social y está obligado a exhibirlo en las instalaciones de la empresa, siempre que tenga contratados trabajadores.

Importante

Hay que solicitar un Código de Cuenta de Cotización en cada una de las provincias en las que se va a desarrollar la actividad empresarial. No hay un código nacional.

5.3. Consejería de Empleo de la comunidad autónoma correspondiente

Si el empresario/sociedad va a realizar la contratación de trabajadores, debe comunicar la apertura del centro de trabajo a la Consejería de Empleo de la comunidad autónoma en la que se ubique, con la finalidad de que esta pueda llevar un control del mismo.

Una vez que ya se ha constituido la sociedad o que el empresario ha iniciado su actividad, también debe llevarse a cabo dicha comunicación para que puedan controlarse las condiciones de seguridad y salud laboral en dichos centros.

5.4. Servicio Público de Empleo Estatal

Además de comunicar el alta del trabajador ante la Tesorería General de la Seguridad Social, el empresario tiene que comunicar los contratos de los trabajadores al Servicio Público de Empleo Estatal.

5.5. Ayuntamiento

Si la actividad empresarial se va a desarrollar en un local, hay que obtener una licencia urbanística del ayuntamiento donde se va a ubicar. Además, si la actividad empresarial va a conllevar la realización de alguna obra, instalación o algún tipo de actividad considerada insalubre, molesta, peligrosa o nociva, entre otras, habrá que solicitar una licencia de funcionamiento para evitar cualquier tipo de denuncia y poder ejercer la actividad de forma legal y reglamentaria.

5.6. Fábrica Nacional de Moneda y Timbre (FNMT)

Salvo en casos específicos, el empresario debe obtener un certificado digital a efectos de poder comunicarse con la administración para llevar a cabo todos los trámites de su empresa.

Para obtener el certificado digital hay que dirigirse a la web de la Fábrica Nacional de Moneda y Timbre (FNMT) disponible en el enlace que se muestra a continuación y seguir las indicaciones correspondientes: <https://www.sede.fnmt.gob.es/certificados/persona-fisica/obtener-certificado-software>.

5.7. Inspección de Trabajo y Seguridad Social

Desde 2016, las diligencias sobre las visitas de los inspectores de la Seguridad Social se extienden a través de medios electrónicos, con los que se constata el trámite en la propia oficina de inspección. No obstante, deben seguir conservándose los Libros de Visitas físicos durante un período de cinco años a partir de la última diligencia y ponerlos a disposición de la Inspección cuando sean requeridos.

5.8. Registro Mercantil central

Como se ha ido comentando en los epígrafes anteriores, las sociedades deben ser inscritas en el Registro Mercantil provincial correspondiente que, a su vez, lo comunicará al Registro Mercantil central.

Importante

Los empresarios individuales no tienen obligación de inscribirse en dicho registro. No obstante, sí pueden hacerlo de forma voluntaria.

Actividades

14. Investigue sobre las funciones del Registro Mercantil central y las de los registros mercantiles provinciales y analícelas.

6. Elevación a público de los documentos de constitución y gestión empresarial

Como ya se ha ido comentando, es imprescindible obtener una certificación negativa de denominación del Registro Mercantil central para poder elevar a público la escritura de constitución de cualquier tipo de sociedad. Esta certificación negativa es la que garantiza que no hay otra empresa registrada al mismo nombre que pretende darse a la empresa que se está constituyendo.

Eso sí, si se desea, para evitar imprevistos y solucionarlos con más rapidez, se puede solicitar una nota simple al Registro Mercantil central para verificar que no hay otra empresa con el mismo nombre antes de solicitar la expedición del certificado.

Cuando ya se ha obtenido la certificación negativa de denominación, ya se puede formalizar la escritura de constitución ante notario para poder elevarla a público inscribiéndola en el Registro Mercantil provincial y, así, otorgar la personalidad jurídica a la empresa constituida.

El notario es el profesional al servicio público que se encarga de comprobar los hechos que se concretan en los documentos que se presentan ante él. Es decir, certifica los hechos de todos aquellos documentos que se presentan ante él (llamados documentos notariales) y se elevan a público.

El procedimiento y los requisitos de inscripción de una sociedad en el Registro Mercantil está regulado en el Real Decreto 1784/1996, de 19 de julio, por el que se aprueba el Reglamento del Registro Mercantil, concretamente en el título II: De la inscripción de los empresarios y sus actos.

En el artículo 94 (contenido de la hoja) de dicho Real Decreto, se describe el contenido que debe tener la inscripción de cualquier sociedad en general.

Concretamente, se indica que se inscribirá obligatoriamente lo siguiente:

> *1.º La constitución de la sociedad, que necesariamente será la inscripción primera.*
>
> *2.º La modificación del contrato y de los estatutos sociales, así como los aumentos y las reducciones del capital.*
>
> *3.º La prórroga del plazo de duración.*
>
> *4.º El nombramiento y cese de administradores, liquidadores y auditores. Asimismo, habrá de inscribirse el nombramiento y cese de los secretarios y vicesecretarios de los órganos colegiados de administración, aunque no fueren miembros del mismo. La inscripción comprenderá tanto los miembros titulares como, en su caso, los suplentes.*
>
> *5.º Los poderes generales y las delegaciones de facultades, así como su modificación, revocación y sustitución. No será obligatoria la inscripción de los poderes generales para pleitos o de los concedidos para la realización de actos concretos.*
>
> *6.º La apertura, cierre y demás actos y circunstancias relativos a las sucursales en los términos previstos en los artículos 295 y siguientes.*
>
> *7.º La transformación, fusión, escisión, rescisión parcial, disolución y liquidación de la sociedad.*
>
> *8.º La designación de la entidad encargada de la llevanza del registro contable en el caso de que los valores se hallen representados por medio de anotaciones en cuenta.*
>
> *9.º Las resoluciones judiciales inscribibles relativas al concurso, voluntario o necesario, principal o acumulado, de la sociedad y las medidas administrativas de intervención.*
>
> *10.º Las resoluciones judiciales o administrativas, en los términos establecidos en las Leyes y en este Reglamento.*
>
> *11.º Los acuerdos de implicación de los trabajadores en una sociedad anónima europea, así como sus modificaciones posteriores, de acuerdo con lo previsto en el artículo 114.3 de este Reglamento.*
>
> *12.º El sometimiento a supervisión de una autoridad de vigilancia.*
>
> *13.º En general, los actos o contratos que modifiquen el contenido de los asientos practicados o cuya inscripción prevean las leyes o el presente Reglamento.*

La inscripción de los distintos documentos en el Registro Mercantil es lo que dará seguridad jurídica a terceras personas relacionadas de alguna forma con la actividad de la empresa en cuestión.

Elevación a público de los documentos de constitución de la sociedad

Cuando un acuerdo social se debe inscribir en el Registro Mercantil, el Real Decreto 1784/1996, de 19 de julio, por el que se aprueba el Reglamento del Registro Mercantil, indica expresamente que los acuerdos deben constar en una escritura pública otorgada ante notario con carácter general, salvo en aquellos casos en los que el mismo Real Decreto permita que se pueden inscribir con un documento privado.

La constancia de estos acuerdos sociales en escritura pública otorgada ante notario se realiza mediante la elevación a escritura pública de dichos acuerdos.

Los acuerdos sociales se formalizan en una reunión realizada por los miembros del consejo de administración, de la junta de accionistas o por los socios, atendiendo al tipo de reunión y de empresa que se trate.

Sea como fuere, al finalizar la reunión, deberá realizarse un acta consistente en un documento en el que se deja constancia de todos los asuntos que se han tratado a lo largo de la misma y los acuerdos que se han adoptado.

Así, atendiendo al tipo de reunión que se esté llevando a cabo y sus miembros, cabe distinguir entre las siguientes actas:

- Acta del consejo de administración.
- Acta de la junta de accionistas.
- Acta de la reunión (cuando los miembros que han formado parte de la reunión no son ninguno de los anteriores).

Las actas deberán reflejar todos los hechos acontecidos en la reunión de forma neutral, por lo que se recomienda la utilización de formas verbales impersonales y es fundamental plasmar la información de forma clara y ordenada, ya que se remitirá una copia a todos los miembros que han formado parte de la reunión y, en determinados casos, estos deberán dar su visto bueno.

¿Quién puede elevar a público los acuerdos sociales?

El artículo 108 del Real Decreto 1784/1996 manifiesta que la elevación a público de los acuerdos sociales puede llevarse a cabo por las siguientes personas:

- Aquellos que estén facultados para expedir certificaciones.
- En una sociedad unipersonal, el socio único o administradores.
- Cualquier miembro del consejo de administración de la sociedad que tenga el cargo en vigor y esté inscrito como tal en el Registro Mercantil, cuando esté autorizado.
- Cualquier otro distinto de los anteriores al que se haya autorizado previamente para ello mediante un poder especial para la inscripción de dicho acuerdo o mediante un acuerdo general para cualquier tipo de acuerdos.

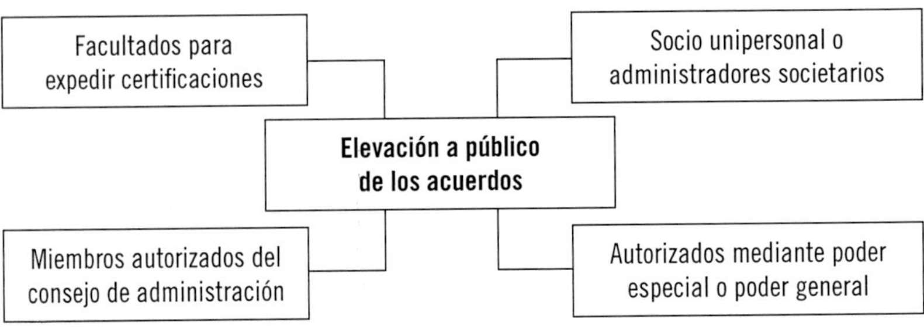

Los acuerdos sociales se elevarán a público cuando cualquiera de los mencionados anteriormente haya otorgado la escritura pública ante notario, en la que deberán constar todas aquellas circunstancias del acta de la reunión, del consejo de administración o de la junta de accionistas necesarias para calificar su validez.

Actividades

15. ¿Qué sucedería si no se eleva a público la escritura de constitución de una sociedad?

Aplicación práctica

Cinco futuros socios han decido crear una tienda de material deportivo bajo la forma jurídica de sociedad anónima y tienen ciertas dudas sobre cómo deben proceder para su constitución.

Saben que tienen que depositar la escritura de constitución de la sociedad anónima en el Registro Mercantil, pero no tienen claro si tienen que firmar la escritura ante notario.

Infórmeles de la obligatoriedad o no de firmar la escritura ante notario y lo que ello implica y significa.

SOLUCIÓN

El procedimiento de inscripción de una sociedad en el Registro Mercantil está regulado en el Real Decreto 1784/1996 de 19 de julio, por el que se aprueba el Reglamento del Registro Mercantil.

Dicho Real Decreto indica expresamente que la constitución de la sociedad debe inscribirse obligatoriamente en el Registro Mercantil para dar seguridad jurídica sobre el contenido de la inscripción.

Por otra parte, cuando un acuerdo se debe inscribir en el Registro Mercantil, el Real Decreto indica expresamente que este debe constar en una escritura pública otorgada ante notario con carácter general, por lo que se deduce que la escritura de constitución debe elevarse a pública ante notario.

La no elevación a público de la escritura no le daría validez, ya que se trataría simplemente de un documento privado.

7. Obligaciones contables

La base que debe considerar cualquier empresa para llevar a cabo su contabilidad conforme a la normativa legal se divide en dos Reales Decretos:

- Real Decreto 1514/2007, de 16 de noviembre, por el que se aprueba el Plan General de Contabilidad: es el más utilizado.
- Real Decreto 1515/2007, de 16 de noviembre, por el que se aprueba el Plan General de Contabilidad de Pequeñas y Medianas Empresas y los criterios contables específicos para microempresas: se trata de un Plan General Contable más reducido y simplificado, que puede ser utilizado por las pequeñas y medianas empresas y por las microempresas.

Este manual va a centrarse en el Plan General Contable del Real Decreto 1514/2007. De hecho, este Real Decreto define el marco conceptual de la contabilidad como: *el conjunto de fundamentos, principios y conceptos básicos cuyo cumplimiento conduce en un proceso lógico deductivo al reconocimiento y valoración de los elementos de las cuentas anuales.*

Actividades

16. Busque información sobre el Plan General de Contabilidad y el Plan General de Contabilidad de Pequeñas y Medianas Empresas y comente sus principales diferencias.
17. ¿Podría una PYME aplicar el Plan General de Contabilidad normal? Investigue sobre el tema.

7.1. Nuevo Plan General Contable

Como ya se ha comentado en la parte introductoria, el nuevo Plan General Contable se regula en el Real Decreto 1514/2007, de 16 de noviembre, por el que se aprueba el Plan General de Contabilidad.

Este plan está dividido en cinco partes claramente diferenciadas:

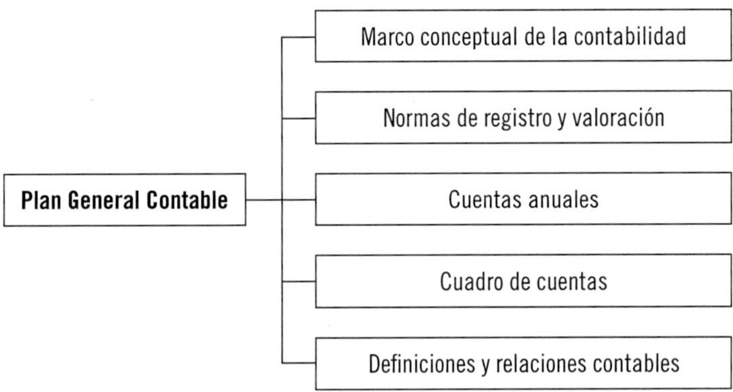

Marco conceptual de la contabilidad

Es la primera parte del Plan General Contable y está formada por la base sobre la que debe fundamentarse la contabilidad de toda empresa.

Incluye información muy detallada sobre los siguientes aspectos:

- Cuentas anuales. Imagen fiel: en este apartado se enumeran las cuentas anuales y sus componentes.
- Requisitos de la información que se debe incluir en las cuentas anuales.
- Principios contables: se trata de los principios que deben servir como guía para aplicar la normativa contable.
- Elementos de las cuentas anuales: se analizan con más detenimiento las partes de las cuentas anuales.
- Criterios de registro o reconocimiento contable de los elementos de las cuentas anuales: muestra cómo debe incorporarse la información contable a las cuentas anuales.
- Criterios de valoración: indica cómo deben valorarse los distintos elementos que se van a incorporar a las cuentas anuales.
- Principios y normas de contabilidad generalmente aceptados.

Normas de registro y valoración

La segunda parte del Plan General Contable está formada por las normas de registro y valoración y es de obligatorio cumplimiento.

En esta parte se desarrollan los principios contables y el resto de disposiciones que se incluyen en el marco conceptual.

Así, se indican los criterios que hay que considerar para registrar y valorar los distintos elementos y transacciones que van a contabilizarse y a incluirse en las cuentas anuales.

Cuentas anuales

La tercera parte del PGC es la correspondiente a las cuentas anuales y también es de obligatorio cumplimiento.

En este apartado se explican con detenimiento los distintos elementos de cada una de las cuentas anuales, además del formato que deben tener cada una de ellas.

Las cuentas anuales del PGC son las siguientes:

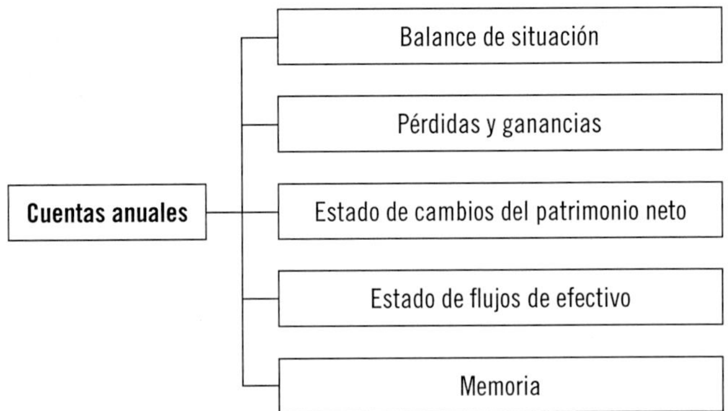

Cuadro de cuentas

La cuarta parte del PGC está formada por todas las cuentas que forman parte de este y que se proponen para poder llevar a cabo la contabilidad de las diferentes operaciones de la empresa.

Las cuentas tienen un sistema de codificación decimal y se dividen en:

- Grupos: formadas por un dígito
- Subgrupos: formadas por dos dígitos
- Cuentas: formadas por tres dígitos
- Subcuentas: formadas por cuatro dígitos
- Subsubcuentas: formadas por cinco dígitos

Los grupos que forman parte del PGC son los siguientes:

- Grupo 1: Financiación básica
- Grupo 2: Inmovilizado
- Grupo 3: Existencias
- Grupo 4: Acreedores y deudores por operaciones comerciales
- Grupo 5: Cuentas financieras
- Grupo 6: Compras y gastos
- Grupo 7: Ventas e ingresos
- Grupo 8: Gastos imputados al patrimonio neto
- Grupo 9: Ingresos imputados al patrimonio neto

Actividades

18. ¿Puede una empresa crear una cuenta contable que esté formada por seis dígitos? Investigue sobre el tema.

Definiciones y relaciones contables

Esta parte no es de obligatorio cumplimiento y está formada por las definiciones de los grupos, subgrupos y cuentas del plan, además de sus características fundamentales y los hechos económicos que se registran con cada uno de ellos.

7.2. Principios contables

El Plan General Contable incluye una serie de ideas básicas, obligatorias e informadoras que deben servir de apoyo al usuario en el momento de la aplicación de la normativa contable y de la contabilización de las distintas operaciones. Estas ideas básicas están estructuradas en seis principios contables incluidos en la primera parte del plan:

- **Empresa en funcionamiento:** hay que registrar las operaciones con la consideración inicial de que la empresa va a seguir operando en un futuro previsible.
- **Devengo:** los gastos y los ingresos deben contabilizarse en la fecha en la que estos se han producido, independientemente de si se han cobrado/pagado.
- **Uniformidad:** si se selecciona un criterio a aplicar en el registro de las operaciones, deberá utilizarse dicho criterio en operaciones futuras.
- **Prudencia:** en el momento de valorar las operaciones en situaciones con incertidumbre hay que ser prudente respetando la imagen fiel de la empresa. No pueden valorarse estimaciones de beneficios desorbitadas ni previsiones de pérdidas no acordes con la actividad de la empresa.
- **No compensación:** las partidas de activo, pasivo, gastos e ingresos son independientes y no pueden compensarse unas con otras.
- **Importancia relativa:** si la aplicación estricta de un principio o criterio contable supone un ajuste con un importe ínfimo (euros, céntimos, etc.), no es obligatoria su aplicación.

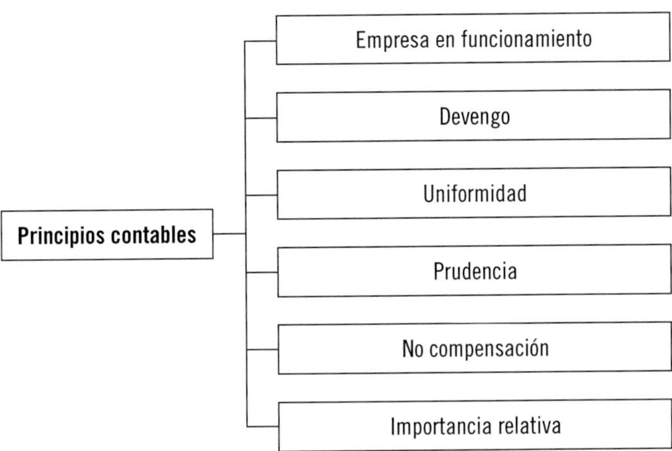

Si hubiese algún conflicto en la aplicación de varios principios contables, el PGC establece que debe prevalecer el que mejor refleja la imagen fiel de la situación de la empresa.

Aplicación práctica

Imagine que se encuentra trabajando en la empresa llevando la contabilidad de la misma. Los gastos de la empresa del ejercicio anterior fueron de 500.000 €. Durante este ejercicio se prevé que la actividad de la empresa, sus ventas y sus compras sean similares a las del ejercicio anterior, pero el contable ha decidido registrar una estimación de gastos de 1.000.000 €. ¿Ha realizado correctamente esta estimación? ¿Qué principio contable está vulnerando?

SOLUCIÓN

Analizando el enunciado, se pretenden registrar unos gastos por 1.000.000 €, siendo un importe igual al doble de los gastos acometidos durante el ejercicio anterior.

Estimando que la actividad de la empresa, además de sus compras y sus ventas, serán similares a las que hubo en el ejercicio anterior, la estimación de gastos a registrar debería rondar los 500.000 €.

Continúa en página siguiente >>

<< Viene de página anterior

Se está incumpliendo claramente el principio de prudencia, que indica que se deberá ser prudente en las estimaciones y valoraciones a realizar en condiciones de incertidumbre.

Para ser prudente, se podría incrementar la estimación de gastos en un 10 %, por ejemplo, haciendo una estimación de 550.000 €.

Sea como fuere, una estimación de 1.000.000 € es muy desproporcionada.

7.3. Libros de Contabilidad. Libros de Registro

El Código de Comercio es el que regula la obligatoriedad del empresario de llevar una contabilidad ordenada y adecuada a la actividad de su empresa, además de la confección y llevanza de una serie de libros registro y contables. En su artículo 25, indica lo siguiente:

> *1. Todo empresario deberá llevar una contabilidad ordenada, adecuada a la actividad de su empresa que permita un seguimiento cronológico de todas sus operaciones, así como la elaboración periódica de balances e inventarios. Llevará necesariamente, sin perjuicio de lo establecido en las Leyes o disposiciones especiales, un libro de Inventarios y Cuentas anuales y otro Diario.*

Respecto a las sociedades mercantiles, el Código de Comercio las obliga a llevar uno o varios libros de actas en los que se incluirá, como mínimo, lo siguiente:

- Acuerdos tomados por las juntas generales y especiales.
- Acuerdos tomados por los distintos órganos colegiados de la sociedad, indicando todos los datos de la convocatoria y de la constitución del órgano colegiado.
- Resumen de los asuntos que se han debatido en las reuniones.
- Contenido de las intervenciones de la reunión de las que se haya solicitado que haya constancia.
- Contenido de los acuerdos adoptados.
- Resultados de las distintas votaciones.

Los libros de registro y contables obligatorios para las sociedades mercantiles son los siguientes:

Libro de actas

En el libro de actas debe incluirse toda la información concerniente a las reuniones que se han llevado a cabo y solo se puede legalizarse en el Registro Mercantil al inicio de la actividad de la empresa.

Como se ha mencionado anteriormente, debe incluir lo siguiente:

- Constitución del órgano colegiado.
- Detalle de los asuntos tratados en la reunión.
- Intervenciones de los asistentes.
- Acuerdos aprobados por las juntas generales, particulares y por los órganos colegiados.

Libro registro de socios

Las sociedades limitadas deben llevar y legalizar ante el Registro Mercantil el libro de socios. Este está regulado en el artículo 104 del Real Decreto Legislativo 1/2010, de 2 de julio, por el que se aprueba el texto refundido de la Ley de Sociedades de Capital y se indica lo siguiente:

> *La sociedad limitada llevará un Libro registro de socios, en el que se harán constar la titularidad originaria y las sucesivas transmisiones, voluntarias o forzosas, de las participaciones sociales, así como la constitución de derechos reales y otros gravámenes sobre las mismas.*

En resumen, el libro registro de socios debe incluir los distintos titulares de las participaciones que la sociedad limitada ha ido teniendo a lo largo del tiempo desde el momento de su creación.

Libro registro de acciones nominativas

Las sociedades anónimas, en lugar de un libro registro de socios, deben llevar y legalizar ante el Registro Mercantil el libro registro de acciones nominativas. Este está regulado en el artículo 116 del Real Decreto Legislativo 1/2010, de 2 de julio, por el que se aprueba el texto refundido de la Ley de Sociedades de Capital y se indica lo siguiente:

> *Las acciones nominativas figurarán en un libro-registro que llevará la sociedad, en el que se inscribirán las sucesivas transferencias de las acciones, con expresión del nombre, apellidos, razón o denominación social, en su caso, nacionalidad y domicilio de los sucesivos titulares, así como la constitución de derechos reales y otros gravámenes sobre aquellas.*

Es decir, el libro registro de acciones nominativas deberá incluir toda la información relativa a la titularidad y a las transmisiones de titularidad de las acciones de la sociedad anónima.

Libro de inventario y cuentas anuales

El libro de inventario y cuentas anuales viene regulado en el artículo 28 del Código de Comercio. Este libro debe abrirse con el balance inicial detallado de la empresa y, como mínimo, cada trimestre, deberán transcribirse los balances de comprobación de sumas y saldo.

También deberán transcribirse el inventario de la empresa a fecha de cierre del período y las cuentas anuales.

Sabía que...

Para realizar un inventario hay que hacer un recuento de todos los elementos patrimoniales de una empresa. Es importante tener en cuenta que no solo incluye los elementos físicos (existencias, mobiliario, etc.), sino que también incluye elementos intangibles como derechos de cobro, obligaciones de la empresa o elementos de inmovilizado intangible como licencias o programas informáticos, entre otros.

Libro diario

El libro diario también está regulado en el artículo 27 del Código de Comercio, en el que se indica que hay que registrar en él diariamente todas las operaciones que ha llevado a cabo la empresa.

No obstante, también se admite que se registren conjuntamente los totales de las operaciones, siempre que no superen un trimestre. La única condición es que el detalle de estas operaciones aparezca en otros libros o registros, que serán unos u otros, atendiendo a la naturaleza de la actividad que se esté registrando.

Para la contabilización de las operaciones de la empresa en el libro diario se utiliza el sistema de partida doble que consiste en que, en cada operación intervienen, como mínimo, dos cuentas contables: en una de las cuentas se hará una anotación en el debe de dicha cuenta y, en la otra cuenta, se hará una anotación en el haber de esta otra cuenta.

En cualquier caso, la suma de los importes reflejados en el debe del asiento contable realizado en el libro diario debe coincidir con la suma de los importes reflejados en el haber de dicho asiento.

Libro de ventas e ingresos

El libro de ventas e ingresos es un documento en el que una empresa (o empresario individual) debe registrar todas las operaciones comerciales que ha llevado a cabo; concretamente, operaciones correspondientes a ingresos y ventas (es decir, operaciones que supongan una entrada de dinero), que deberán registrarse respetando el orden cronológico de las mismas.

Este libro se presenta ante la Agencia Tributaria y es de obligatorio cumplimiento para las pyme y los autónomos, aunque estos últimos solo están obligados si tributan en estimación directa o simplificada.

Libro de compras y gastos

Este libro es análogo al libro de ventas e ingresos. En él deben registrarse todas las transacciones comerciales que supongan una salida de dinero para la empresa o para el empresario individual (es decir, todos sus gastos y compras). También debe respetarse el orden cronológico de las transacciones en el momento de su registro.

Es también de obligatorio cumplimiento para las pyme y para los autónomos que tributen en estimación directa o simplificada.

Libro registro de bienes de inversión

El libro registro de bienes de inversión es un libro obligatorio para todas aquellas empresas que deban regularizar sus deducciones por la adquisición de bienes de inversión.

Un bien de inversión es todo producto que ha sido adquirido para ser utilizado en la empresa y que tiene un ciclo de vida superior a un año. Según la Agencia Tributaria, solo se pueden considerar bienes de inversión aquellos bienes **corporales, muebles semovientes o inmuebles,** no pudiendo incluirse en el libro registro bienes como recambios, embalajes, envases, etc., y debiendo registrarse simplemente como gastos.

Hay dos tipos de libros registro de bienes de inversión:

- **Libro registro de bienes de inversión de IRPF:** se registran aquellos elementos del inmovilizado que puedan relacionarse con la actividad empresarial y que puedan anticiparse. Su valor unitario debe ser superior a los 300 €.
- **Libro registro de bienes de inversión de IVA:** este libro deben registrarlo los sujetos pasivos del IVA que deban realizar una regularización de las deducciones aplicadas en sus bienes de inversión. En el libro deberán constar la fecha de inicio de utilización del bien, su prorrata anual definitiva, la documentación relacionada con él y la posible regularización anual de las deducciones que se han practicado en el año.

Libro registro de facturas emitidas

Los empresarios y profesionales están obligados a crear y llevar un libro registro de todas aquellas facturas que han expedido a lo largo del ejercicio económico.

En este deberá incluirse la siguiente información de cada factura:

- Número de factura y serie, en su caso.
- Fecha de expedición.
- Fecha en la que se han realizado las operaciones, si difiere de la fecha de expedición.
- Nombre, apellidos o razón social del destinatario.
- Número de identificación fiscal del destinatario.
- Base imponible de las operaciones.
- Tipo de IVA aplicado.

- Cuota tributaria.
- Importe total de la factura.

Libro registro de facturas recibidas

Los empresarios y profesionales están obligados a crear y llevar un libro registro de todas las facturas recibidas durante el ejercicio económico. Además, deberán numerarlas correlativamente y adjuntar los justificantes contables y toda la documentación asociada a ellas.

Actividades

19. Ponga ejemplos de bienes materiales que no forman parte de un inventario. Justifique su respuesta.

Aplicación práctica

La empresa Metales Pesados, S. A. ya se ha constituido y están empezando con la actividad comercial.

No obstante, necesitan asesoramiento porque aún están empezando y no tienen claro cuáles son los libros de registro y contables que deben llevar para cumplir con la normativa vigente.

Indique, según el tipo de sociedad que han creado, cuáles son los libros de registro y contables que tienen que llevar obligatoriamente en Metales Pesados, S. A.

SOLUCIÓN

La empresa Metales Pesados, S. A. es una sociedad anónima y, por tanto, se trata de una sociedad mercantil. Respecto a los libros contables, las sociedades mercantiles tienen la obligatoriedad de llevar los siguientes:

Continúa en página siguiente >>

<< Viene de página anterior

- Libro de actas
- Libro registro de acciones nominativas
- Libro de inventario y cuentas anuales
- Libro diario
- Libro de ventas e ingresos
- Libro de compras y gastos
- Libro registro de bienes de inversión
- Libro registro de facturas emitidas
- Libro registro de facturas recibidas

7.4. Auditoría de cuentas

La auditoría de cuentas está regulada en la Ley 22/2015, de 20 de julio, de Auditoría de Cuentas. De hecho, el artículo 1.2 de dicha ley define el concepto de auditoría de cuentas como sigue:

> *Se entenderá por auditoría de cuentas la actividad consistente en la revisión y verificación de las cuentas anuales, así como de otros estados financieros o documentos contables, elaborados con arreglo al marco normativo de información financiera que resulte de aplicación, siempre que dicha actividad tenga por objeto la emisión de un informe sobre la fiabilidad de dichos documentos que pueda tener efectos frente a terceros.*

Esta actividad debe ser realizada obligatoriamente por un auditor de cuentas o por una sociedad de auditoría, que son quienes deberán emitir el informe correspondiente, cumpliendo siempre con los requisitos materiales y formales reflejados en la Ley 22/2015.

En España, es el Instituto de Contabilidad y Auditoría de Cuentas quien se encarga de autorizar la inscripción en el Registro Oficial de Auditores de cuentas de los auditores y de las sociedades de auditoría para que estos puedan realizar los informes de auditoría mencionados anteriormente.

El ICAC, además de autorizar la inscripción de los auditores y de las sociedades de auditoría, se encarga de competencias de regulación contable (revisión de principios y normas contables) y de competencias relacionadas con la supervisión de la actividad auditora y la formación continua de este colectivo.

Siguiendo con la auditoría de cuentas, el artículo 4 de la Ley 22/2015, distingue entre las siguientes:

- **Auditoría de las cuentas anuales:** *consistirá en verificar dichas cuentas a efectos de dictaminar si expresan la imagen fiel del patrimonio, de la situación financiera y de los resultados de la entidad auditada, de acuerdo con el marco normativo de información financiera que resulte de aplicación. Asimismo, comprenderá la verificación del informe de gestión que, en su caso, acompañe a las cuentas anuales, a fin de dictaminar sobre su concordancia con dichas cuentas anuales y si su contenido es conforme con lo establecido en la normativa de aplicación.*
- **Auditoría de otros estados financieros o documentos contables:** *consistirá en verificar y dictaminar si dichos estados financieros o documentos contables expresan la imagen fiel o han sido preparados de conformidad con el marco normativo de información financiera expresamente establecido para su elaboración.*

Por otra parte, cabe destacar otra clasificación de las auditorías de cuentas, distinguiendo sus categorías atendiendo a quién realiza el informe de auditoría. Así, se distingue entre:

- **Auditoría interna:** realizada por el propio personal de la organización.
- **Auditoría externa:** realizada por expertos que no tienen ningún tipo de vinculación con la empresa que están auditando.

Actividades

20. ¿Puede una empresa tener simultáneamente una auditoría interna y una auditoría externa? Si la respuesta fuese afirmativa, ¿qué finalidad tendría realizar las dos auditorías?

Obligatoriedad de realizar una auditoría de cuentas

No todas las empresas están obligadas a estar sometidas a una auditoría de cuentas y a un informe de auditoría. De hecho, las empresas obligadas están determinadas en la disposición adicional primera de la Ley 22/2015, donde se indica que estarán obligadas, cualquiera que sea su naturaleza jurídica, las que concurran en alguno de los siguientes hechos:

> a. *Que emitan valores admitidos a negociación en mercados secundarios oficiales de valores o sistemas multilaterales de negociación.*
>
> b. *Que emitan obligaciones en oferta pública.*
>
> c. *Que se dediquen de forma habitual a la intermediación financiera, y, en todo caso, las entidades de crédito, las empresas de servicios de inversión, las sociedades rectoras de los mercados secundarios oficiales, las entidades rectoras de los sistemas multilaterales de negociación, la Sociedad de Sistemas, las entidades de contrapartida central, la Sociedad de Bolsas, las sociedades gestoras de los fondos de garantía de inversiones y las demás entidades financieras, (...).*
>
> d. *Que tengan por objeto social cualquier actividad sujeta al Texto Refundido de la Ley de ordenación y supervisión de los seguros privados, aprobado por Real Decreto Legislativo 6/2004, de 29 de octubre, dentro de los límites que reglamentariamente se establezcan, así como los fondos de pensiones y sus entidades gestoras.*
>
> e. *Que reciban subvenciones, ayudas o realicen obras, prestaciones, servicios o suministren bienes al Estado y demás organismos públicos dentro de los límites que reglamentariamente fije el Gobierno por real decreto.*
>
> f. *Las demás entidades que superen los límites que reglamentariamente fije el Gobierno por real decreto. Dichos límites se referirán, al menos, a la cifra de negocios, al importe total del activo según balance y al número anual medio de empleados, y se aplicarán, todos o cada uno de ellos, según lo permita la respectiva naturaleza jurídica de cada sociedad o entidad.*

Además, el artículo 263 del Real Decreto Legislativo 1/2010, de 2 de julio por el que se aprueba el Texto Refundido de la Ley de Sociedades de Capital, establece que deben someterse a auditoría las cuentas anuales y el informe de gestión de las sociedades mercantiles, a excepción de aquellas que reúnan, como mínimo, alguna de las siguientes condiciones durante dos ejercicios seguidos a fecha de cierre de cada uno de ellos:

a. Que el total de las partidas del activo no supere los 2.850.000 €.
b. Que el importe neto de su cifra anual de negocios no supere los 5.700.000 €.
c. Que el número medio de trabajadores empleados durante el ejercicio no sea superior a 50.

El informe de auditoría de cuentas

El informe de auditoría de cuentas está regulado en el artículo 5 de la Ley 22/2015. Ahí se recoge que se trata de un documento mercantil que debe contener, como mínimo, los siguientes aspectos:

- **Datos identificativos:** aquellos que identifican la entidad que se ha auditado, las cuentas anuales objeto de la auditoría y marco normativo de información financiera que se ha utilizado en la elaboración de las cuentas anuales.
- **Alcance de la auditoría realizada:** descripción general de dicho alcance, haciendo referencia a las normas de auditoría que se han seguido para la realización del trabajo. Además, habrá que incluir aquellos procedimientos previstos que no se han podido aplicar por limitaciones encontradas en el desarrollo de la auditoría.
- **Seguridad de ausencia de incorrecciones en la auditoría:** hay que explicar que la auditoría se ha planificado y llevado a cabo con la finalidad de obtener una seguridad razonable de que las cuentas anuales no contienen ninguna incorrección material.
- **Declaración de no realización de actividades incompatibles:** declaración en la que el auditor manifiesta que no se ha prestado ningún servicio distinto a la auditoría de cuentas o cualquier tipo de actividad que pudiese ser incompatible con dicha auditoría.
- **Opinión del auditor:** el auditor manifiesta una opinión clara y precisa sobre la concordancia entre las cuentas anuales y su imagen fiel, la situación financiera y sobre los resultados de la entidad auditada. La opinión del auditor puede ser:

  - **Favorable:** cuando no hay ningún tipo de salvedad.
  - **Con salvedades:** cuando el auditor detecta varias circunstancias que pueden tener impacto en las cuentas anuales y en su reflejo de la imagen fiel de la entidad.

- **Desfavorable:** cuando el auditor considera que las cuentas anuales, en su conjunto, no representan la imagen fiel del patrimonio de la entidad, ni su situación financiera real.
- **Denegada:** cuando el auditor decide no expresar ninguna opinión sobre las cuentas anuales de la entidad, debido a la gran cantidad de incertidumbre y a la presencia de salvedades con un impacto elevado.

- **Opinión sobre concordancia del informe con las cuentas anuales:** el auditor manifiesta si hay concordancia o no entre el informe de gestión con las cuentas anuales del ejercicio.
- **Obligatoriedad o no de presentar informe de Impuesto sobre Sociedades:** declaración del auditor en la que se indica si la entidad auditada estuvo obligada en el ejercicio anterior al auditado a presentar el informe del Impuesto sobre Sociedades.
- **Fecha y firma del auditor.**

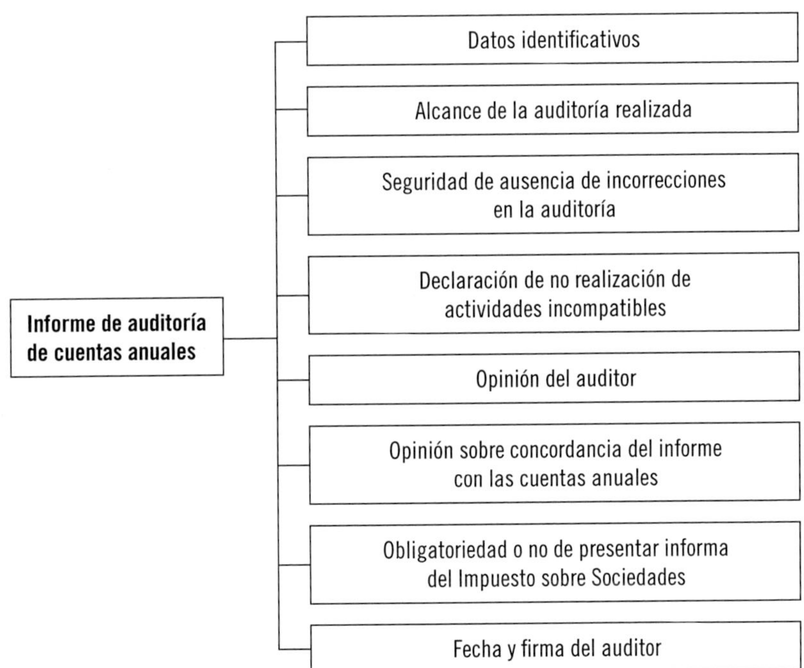

Actividades

21. ¿Qué ocurriría si el informe de auditoría no incluye alguno de los elementos obligatorios descritos en el apartado?

8. Obligaciones fiscales

Las obligaciones fiscales de las empresas se han ido describiendo a lo largo del capítulo, distinguiendo por su naturaleza jurídica.

No obstante, para recopilar, se van a describir los principales trámites que deben llevarse a cabo ante la Agencia Tributaria:

- **Obtención del número de identificación fiscal:** si no se solicita, la Agencia Tributaria puede actuar de oficio e inscribirles directamente, además de asignarles el NIF.
- **Obtención del número de identificación fiscal (NIF):** que coincidirá con el número del documento nacional de identidad (en personas de nacionalidad española) o con el número de identidad de extranjero (NIE, en caso de personas con otra nacionalidad). Este NIF deben incluirlo los obligados tributarios en todas las declaraciones, autoliquidaciones o cualquier otra comunicación que presenten ante la Agencia Tributaria.
- **Alta en el Impuesto sobre Actividades Económicas (IAE):** se trata de un tributo local que grava la realización de actividades profesionales, empresariales o artísticas y hay que considerar que hay empresas que están exentas de su pago y presentación. Para darse de alta se utiliza el modelo 036 o 037, según la empresa.
  En dichos modelos, el empresario debe indicar el régimen en el que va a declarar el IVA (régimen general, régimen especial de recargo de equivalencia, etc.).
  Además, en dichos modelos el empresario deberá indicar si se quiere dar de alta como retenedor de IRPF.

- **Alta en el Registro de Operadores Intracomunitarios (ROI):** solo cuando la empresa vaya a realizar alguna operación intracomunitaria, es decir, cuando va a realizar compras o ventas en países pertenecientes a la Unión Europea. Una vez realizada el alta, al empresario se le asigna un NIF-IVA, que deberán utilizar en sus operaciones intracomunitarias.

Una vez constituida la empresa, los empresarios sujetos al IVA deberán llevar, generalmente, los siguientes libros registro (mencionados también en apartados anteriores):

- Libro registro de facturas expedidas
- Libro registro de facturas recibidas
- Libro registro de bienes de inversión
- Libro registro de ciertas operaciones intracomunitarias

Actividades

22. ¿Qué diferencia hay entre una adquisición intracomunitaria y una importación? Investigue sobre el tema y ponga un ejemplo de cada concepto.

9. Obligaciones laborales

Las obligaciones laborales a acometer en el momento de constituir una empresa dependen de la forma jurídica que estas adopten. No obstante, el primer trámite fundamental ante la Seguridad Social es la afiliación de los trabajadores y de ciertos emprendedores y socios.

La afiliación a la Seguridad Social viene regulada en el Real Decreto Legislativo 8/2015, de 30 de octubre, por el que se aprueba el texto refundido de la Ley General de la Seguridad Social. Concretamente, el artículo 15 de dicha ley hace referencia a la afiliación como sigue:

La afiliación a la Seguridad Social es obligatoria para las personas a que se refiere el artículo 7.1 y única para toda su vida y para todo el sistema, sin perjuicio de las altas y bajas en los distintos regímenes que lo integran, así como de las demás variaciones que puedan producirse con posterioridad a la afiliación.

Asimismo, el artículo 7.1 del RDL 8/2015 indica qué personas están comprendidas en el sistema de la Seguridad Social y que, por tanto, están obligadas a afiliarse. Se indica que están comprendidos en el sistema de la Seguridad Social, los siguientes colectivos:

a. Trabajadores por cuenta ajena
b. Trabajadores por cuenta propia o autónomos
c. Socios trabajadores de cooperativas de trabajo asociado
d. Estudiantes
e. Funcionarios públicos, civiles y militares

Así, el primer trámite que debe realizar el empresario es inscribirse en la Tesorería General de la Seguridad Social para obtener un el Código de Cuenta de Cotización Principal (CCC) que le servirá para identificarse en el respectivo régimen de la Seguridad Social.

Eso sí, este trámite solo lo realiza el empresario cuando va a contratar trabajadores por primera vez. Por tanto, si se tiene previsto contratar trabajadores, la inscripción del empresario para obtener el número de identificación debe realizarse antes de iniciarse la actividad.

Para ello, se debe cumplimentar una solicitud mediante el modelo TA.6 y presentar la documentación exigida según el Régimen de la Seguridad Social al que se inscriba.

La cumplimentación del TA.6 se puede realizar de dos formas:

- **Vía presencial:** en la oficina de la administración de la Tesorería General de la Seguridad Social más próxima al domicilio.
- **Vía telemática:** a través de la sede electrónica de la Tesorería General de la Seguridad Social, con certificado digital.

El modelo TA.6 se muestra a continuación:

MINISTERIO DE TRABAJO, MIGRACIONES Y SEGURIDAD SOCIAL

TESORERÍA GENERAL DE LA SEGURIDAD SOCIAL

TA.6

Registro de presentación | Registro de entrada

SOLICITUD DE INSCRIPCIÓN EN EL SISTEMA DE SEGURIDAD SOCIAL

1. DATOS DE ENCUADRAMIENTO EN EL SISTEMA DE SEGURIDAD SOCIAL

1.1 RÉGIMEN (Ver punto 1 de instrucciones) | 1.2 SISTEMA ESPECIAL (ver punto 1 de instrucciones)

FECHA DE INSCRIPCIÓN Día: Mes: Año:

2. DATOS DEL EMPRESARIO SOLICITANTE

2.1 NOMBRE Y APELLIDOS DEL SOLICITANTE O RAZÓN SOCIAL

2.2 NOMBRE COMERCIAL O ANAGRAMA

2.3 TIPO DE DOCUMENTO IDENTIFICATIVO (Marque con una "X") D.N.I.: C.I.F.: TARJETA DE EXTRANJERO: OTRO DOCUMENTO: | 2.4 Nº DE DOCUMENTO IDENTIFICATIVO | 2.5 NÚMERO DE SEGURIDAD SOCIAL

3. DATOS DE CONSTITUCIÓN DE LA EMPRESA

3.1 FECHA Día: Mes: Año: | 3.2 TIPO REGISTRO | 3.3 NÚMERO | 3.4 PROVINCIA | 3.5 TOMO | 3.6 LIBRO | 3.7 FOLIO | 3.8 SECCIÓN | 3.9 HOJA | 3.10 I/A

4. DOMICILIO PARTICULAR O SOCIAL

4.1 DOMICILIO: TIPO DE VÍA | NOMBRE DE LA VÍA PÚBLICA | BLOQUE | NÚM. | BIS | ESCAL. | PISO | PUERTA | CÓD. POSTAL

MUNICIPIO / ENTIDAD DE ÁMBITO TERRITORIAL INFERIOR AL MUNICIPIO | PROVINCIA

TELÉFONO FIJO | MÓVIL | CORREO ELECTRÓNICO

5. DATOS RELATIVOS A LA ACTIVIDAD ECONÓMICA

5.1 ACTIVIDAD ECONÓMICA | 5.2 I.A.E. | 5.3 CÓDIGO CNAE 2009

5.4 CONVENIO COLECTIVO (CÓDIGO Y DESCRIPCIÓN)

5.5 MÁRQUESE CON UNA "X" SI SE TRATA DE: E.T.T.: TRABAJADORES DE ESTRUCTURA / TRABAJADORES CEDIDOS | CENTRO DOCENTE: SUBVENCIONADO / NO SUBVENCIONADO | CENTRO ESPECIAL DE EMPLEO

5.6 TRABAJADORES CTA. AJENA O ASIMILADOS CON EXCLUSIONES DE COTIZACIÓN

5.7 TRABAJADORES DEL RÉGIMEN GENERAL CON COEFICIENTE REDUCTOR DE LA EDAD DE JUBILACIÓN: FERROVIARIOS | PERSONAL DE VUELO AÉREO | ESTATUTO DEL MINERO

5.8 DOMICILIO: TIPO DE VÍA | NOMBRE DE LA VÍA PÚBLICA | BLOQUE | NÚM. | BIS | ESCAL. | PISO | PUERTA | CÓD. POSTAL

MUNICIPIO / ENTIDAD DE ÁMBITO TERRITORIAL INFERIOR AL MUNICIPIO | PROVINCIA

6. A EFECTOS DE NOTIFICACIONES SEÑALA COMO DOMICILIO PREFERENTE (Marque con una "X" la opción correcta)

DOMICILIO PARTICULAR O SOCIAL DEL EMPRESARIO (PUNTO 4) | DOMICILIO DE LA ACTIVIDAD ECONÓMICA (PUNTO 5.8)

7. DATOS DE SEGURIDAD SOCIAL DE LA EMPRESA

7.1 ENTIDAD ACCIDENTES DE TRABAJO Y ENFERMEDADES PROFESIONALES (Nº Y DENOMINACIÓN) | 7.2 ENTIDAD CON LA QUE CUBRE LA INCAPACIDAD TEMPORAL POR CONTINGENCIAS COMUNES MARQUE CON UNA "X": ENTIDAD GESTORA | MUTUA

8. DATOS RELATIVOS AL REPRESENTANTE

8.1 NOMBRE Y APELLIDOS

8.2 TIPO DE DOCUMENTO IDENTIFICATIVO (Marque con una "X") D.N.I.: TARJETA DE EXTRANJERO: OTRO DOCUMENTO: | 8.3 Nº DE DOCUMENTO IDENTIFICATIVO | 8.4 NÚMERO DE SEGURIDAD SOCIAL

9. DATOS PARA LA DOMICILIACIÓN DEL PAGO DE CUOTAS (En el Sistema Especial de Empleados de Hogar)

CÓDIGO INTERNACIONAL CUENTA BANCARIA (IBAN)

DOCUMENTO IDENTIFICATIVO DEL TITULAR DE LA CUENTA DE ADEUDO: TIPO DE DOCUMENTO IDENTIFICATIVO D.N.I.: C.I.F.: TARJETA EXTRANJERO: PASPRT.: | Nº DE DOCUMENTO IDENTIFICATIVO

FECHA Y FIRMA DEL SOLICITANTE — Fecha: Firma | REPRESENTANTE (FECHA, FIRMA Y SELLO) — Fecha: Firma

SUBSANACIÓN Y/O MEJORA REQUERIDA

ORGANO AL QUE SE DIRIGE LA SOLICITUD: DIRECCIÓN PROVINCIAL O ADMINISTRACIÓN DE LA T.G.S.S.:

ADVERTENCIA: En las Comunidades Autónomas con lengua cooficial, existe a su disposición, este impreso redactado en lengua vernácula.

TA.6 (26-06-2018)

9.1. Alta, baja y variación de datos en el Régimen General de la Seguridad Social

Cuando el empresario ya se ha inscrito en el sistema de la Seguridad Social y quiere contratar a trabajadores, deberá presentar y firmar su alta, baja y la variación de sus datos. Es la forma que tiene el empresario de informar del comienzo, la variación o la finalización de la actividad laboral del trabajador en la empresa.

Para ello, hay que cumplimentar y presentar el modelo TA2/S o el modelo TA2/S simplificado a través de la sede electrónica o del Sistema Red de Tesorería General de la Seguridad Social, utilizado para intercambiar electrónicamente información con las empresas.

Los plazos para presentar estos modelos varían en función de si se trata un alta, una baja o una variación de datos:

- Solicitud de alta: hasta 60 días antes de iniciar la relación laboral.
- Solicitud de baja: 3 días naturales desde la fecha de finalización de la actividad laboral.
- Variación de datos: 3 días naturales desde que se ha producido la variación de los datos del trabajador.

9.2. Alta, baja y variación de datos en el Régimen Especial de Trabajadores Autónomos

En el caso de los trabajadores autónomos, también están obligados a darse de alta y de baja en la Seguridad Social, además de notificar cualquier variación de sus datos.

Desde el 1 de octubre de 2018, los trabajadores están obligados a realizar sus trámites con la Seguridad Social de forma telemática a través de la sede electrónica o a través de un autorizado en el sistema RED. Por ello, el alta, baja o variación de datos deberán comunicarse también.

El alta deberá solicitarse antes de iniciar la actividad, hasta un máximo de 60 días naturales antes. Respecto a la solicitud de la baja y a las variaciones de datos, estas deberán comunicarse dentro de los 3 días naturales siguientes a que se produzca el hecho.

Actividades

23. Investigue cuáles serían las consecuencias de iniciar una actividad antes de haber solicitado el alta en el sistema de la Seguridad Social.

10. Registro público

Los registros públicos más relevantes son los registros Civil, Mercantil y de la Propiedad y desarrollan su actividad con la finalidad de dar seguridad jurídica a los derechos inscritos en ellos y hacerlos públicos a las personas que acrediten debidamente que tienen un interés legítimo, según la legislación correspondiente.

10.1. Civil. Mercantil. Otros

A continuación, se van a describir las principales funciones de los registros Civil, Mercantil y de la Propiedad.

Registro Civil

Tal y como indica su nombre, el Registro Civil es un registro dependiente del Ministerio de Justicia en el que se inscriben todos los hechos relativos al estado civil de las personas como los siguientes:

- Nacimiento y filiación
- Nombre y apellidos y sus modificaciones

- Matrimonio
- Nacionalidad y vecindad
- Modificaciones judiciales de la capacidad de las personas o que estas se han declarado en concurso de acreedores, quiebra o en suspensión de pagos.

Registro Mercantil

El Registro Mercantil también depende del Ministerio de Justicia y está formado por el Registro Mercantil central y por los Registros Mercantiles territoriales. Su función principal es dar seguridad jurídica a la formalización de negocios y al tráfico mercantil, además de dar publicidad a los datos relevantes de dicho tráfico.

Cada registro está a cargo de un registrador mercantil, que es un jurista profesional que califica y controla la legalidad de todos los documentos que acceden al registro bajo su responsabilidad.

El Registro Mercantil central tiene un papel importante en la creación de una entidad mercantil, ya que es el que atribuye su denominación. Otorga seguridad al tráfico mercantil dando publicidad a los datos jurídicos y económicos de las sociedades y del resto de personas inscritas en él, además de los representantes de las sociedades.

Registro de la Propiedad

Como el Registro Civil y el Registro Mercantil, el Registro de la Propiedad depende del Ministerio de Justicia y tiene como finalidad inscribir o anotar todos los actos y los contratos que son relativos al dominio, además de los derechos reales sobre bienes inmuebles. De este modo, da publicidad a las inscripciones y anotaciones practicadas en sus libros, dando así seguridad y protección al tráfico jurídico inmobiliario.

Las inscripciones o anotaciones deberán realizarse en el Registro de la Propiedad en el que estén circunscritos los inmuebles.

10.2. Obligaciones registrales

Una de las primeras acciones que debe realizar un emprendedor, antes de iniciar la actividad, es obtener un certificado que indique que el nombre que se quiere poner a la empresa no coincide con el de otras empresas. Este trámite se lleva a cabo ante el Registro Mercantil central.

Una vez que se ha obtenido dicha certificación negativa, la certificación del depósito del capital social, la escritura de constitución y el número de identificación fiscal de la empresa, todas las sociedades mercantiles que se estén constituyendo y deseen llevar a cabo su actividad, están obligadas a inscribirse en el Registro Mercantil.

Además, deberán legalizar ante dicho registro sus cuentas anuales y el resto de libros contables llevados por la empresa. El resto de empresas, pueden depositar sus cuentas anuales y libros contables de forma voluntaria, para darles publicidad y seguridad jurídica.

Volviendo a obligatoriedad de las sociedades mercantiles, el Real Decreto Legislativo 1/2010, de 2 de julio, por el que se aprueba el texto refundido de la Ley de Sociedades de Capital, en su artículo 283 que:

> *El incumplimiento por el órgano de administración de la obligación de depositar, dentro del plazo establecido, los documentos a que se refiere este capítulo, también dará lugar a la imposición a la sociedad de una multa por importe de 1.200 a 60.000 € por el Instituto de Contabilidad y Auditoría de Cuentas, previa instrucción de expediente conforme al procedimiento establecido reglamentariamente, de acuerdo con lo dispuesto en la Ley de Régimen Jurídico de las Administraciones Públicas y del Procedimiento Administrativo Común.*
>
> *Cuando la sociedad o, en su caso, el grupo de sociedades tenga un volumen de facturación anual superior a 6.000.000 € el límite de la multa para cada año de retraso se elevará a 300.000 €.*

Respecto al registro y legalización de los libros contables, se deben legalizar los siguientes libros ante el Registro Mercantil:

- Libro de inventarios y cuentas anuales.
- Libro diario.

- Libro de actas de las juntas generales y de los órganos colegiados de la sociedad.
- Libro registro de acciones nominativas (en el caso de las sociedades anónimas) o libro registro de socios (en el caso de sociedades limitadas).
- En el caso de sociedades unipersonales, libro de registro de contratos celebrados entre el socio y la sociedad.

La legitimación de estos libros es una obligación de los administradores de las sociedades y su procedimiento se regula en el Reglamento del Registro Mercantil y en el Código de Comercio.

Respecto a la forma de su legalización, el artículo 18 de la Ley 14/2013, de 27 de septiembre, de apoyo a los emprendedores y su internacionalización establece la obligatoriedad de legalizar los libros en el Registro Mercantil de forma telemática:

> *Todos los libros que obligatoriamente deban llevar los empresarios con arreglo a las disposiciones legales aplicables, incluidos los libros de actas de juntas y demás órganos colegiados, o los libros registros de socios y de acciones nominativas, se legalizarán telemáticamente en el Registro Mercantil después de su cumplimentación en soporte electrónico y antes de que trascurran cuatro meses siguientes a la fecha del cierre del ejercicio.*

Además, voluntariamente, los empresarios también podrán legalizar los libros de detalle de actas o de grupos de actas con una periodicidad inferior a un año, cuando interese que se acredite fehacientemente el hecho y la fecha de su intervención por parte del Registrador.

El plazo para legalizar los libros es de 4 meses a partir de la fecha de cierre del ejercicio. Por ejemplo, si el ejercicio económico coincide con el año natural, el último día para legalizar los libros sería el 30 de abril del año siguiente al cierre. Sin embargo, si el ejercicio económico finaliza, por ejemplo, el 30 de junio, el plazo para legalizar y presentar los libros finalizaría el 31 de octubre.

Para legalizarlos, se realizará el proceso telemáticamente a través de la web correspondiente del Registro Mercantil provincial.

Aplicación práctica

La empresa Mercancías Libres, S. L. finalizó su ejercicio contable el 31 de julio y, a fecha de 31 de diciembre se ha percatado de que aún no ha depositado en el Registro Mercantil el libro diario y el libro de inventarios y cuentas anuales.

Evalúe si, presentando dichos libros el mismo 31 de diciembre, los estaría depositando en plazo y, en caso contrario, qué sanción podría recibir y de qué órgano recibiría dicha sanción.

SOLUCIÓN

El plazo para legalizar y depositar los libros contables ante el Registro Mercantil es de cuatro meses a partir de la fecha de cierre del ejercicio contable.

Si el ejercicio contable de la empresa Materiales Libres, S. A. finalizó el 31 de julio, debería haber legalizado y depositado sus libros contables antes del 30 de noviembre del mismo año.

Teniendo en cuenta que pretende depositarlos el 31 de diciembre, la empresa claramente ha incumplido el plazo para ello y puede ser sancionada.

El Instituto de Contabilidad y Auditoría de Cuentas podrá abrir un expediente y sancionarles con una multa de entre 1.200 y 60.000 €.

10.3. Acceso

Los registros públicos tienen como principios rectores dar publicidad de los hechos que se han inscrito en ellos a todo aquel que tenga un interés legítimo. Así, los registros pueden facilitar información sobre la existencia de bienes o derechos, su titularidad, su contenido y sus límites, además de la existencia de personas físicas o jurídicas.

Esta publicidad es la que aporta la seguridad jurídica al acto registral, dándole veracidad. De este modo, se puede afirmar que todos los actos que han sido legalizados en un registro público marcan un derecho real.

Para acceder a la información de los registros Civil, Mercantil y de la Propiedad en calidad de interesado, basta con acceder a la sede electrónica del Ministerio de Justicia (https://sede.mjusticia.gob.es/es) y buscar el trámite deseado en el casillero de "Búsqueda de trámites":

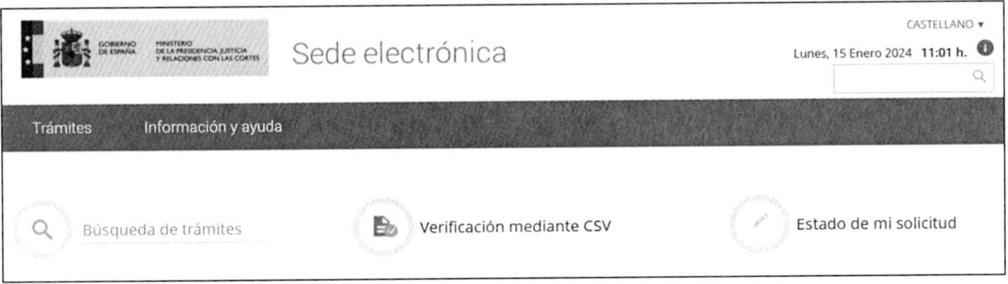

10.4. Protección de datos

A raíz de la aprobación del Reglamento (UE) 2016/679 del Parlamento Europeo y el Consejo, de 27 de abril de 2016, relativo a la protección de las personas físicas en lo que respecta al tratamiento de sus datos personales y a la libre circulación de estos datos, el tratamiento y la comercialización de datos personales está cada vez más protegido, especialmente a través de internet.

A raíz de este reglamento europeo, en España se desarrolló la Ley Orgánica 3/2018, de 5 de diciembre, de Protección de Datos Personales y garantía de los derechos digitales, en la que se regula la figura del "encargado del tratamiento" y las medidas a adoptar si hay que recopilar, almacenar, ceder o gestionar datos de carácter personal.

De hecho, esta ley define al encargado del tratamiento como sigue:

El encargado del tratamiento es la persona física o jurídica, autoridad pública, servicio u otro organismo que presta un servicio al responsable que conlleva el tratamiento de datos personales por cuenta de este.

Por otra parte, se define al responsable del tratamiento como:

La persona física o jurídica, servicio, organismo o entidad similar que determina los fines y medios del tratamiento.

Si la empresa trata datos personales, los utiliza con fines determinados y toma decisiones relacionadas con estos o con la forma de almacenarlos y procesarlos, sería calificada como la responsable del tratamiento.

Si, por el contrario, la empresa simplemente almacena o procesa datos personales siguiendo las directrices e instrucciones de quien decide sobre los fines y los medios a emplear para su tratamiento y procesamiento, esta sería calificada como el encargado del tratamiento.

Sea la empresa responsable o encargada del tratamiento, para cada actividad relacionada con los datos personales, deberá tener en cuenta las obligaciones establecidas tanto en la Ley Orgánica 3/2018, como en el Reglamento 2016/679 del Parlamento Europeo y el Consejo.

En el artículo 5 del Reglamento Europeo se indican los siguientes principios que deben seguir el encargado y el responsable del tratamiento en el momento de tratar con datos de carácter personal:

a. ***Licitud, lealtad y transparencia.***

b. ***Limitación de la finalidad.*** *Los datos personales serán recogidos con fines determinados, explícitos y legítimos, y no serán tratados ulteriormente de manera incompatible con dichos fines;*

c. ***Minimización de datos.*** *Los datos personales serán adecuados, pertinentes y limitados a lo necesario en relación con los fines para los que son tratados.*

d. ***Exactitud.*** *Los datos personales serán exactos y, si fuera necesario, actualizados.*

e. ***Limitación del plazo de conservación.*** *Los datos personales serán mantenidos de forma que se permita la identificación de los interesados durante no más tiempo del necesario para los fines del tratamiento de los datos personales.*

f. ***Integridad y confidencialidad.*** *Los datos personales serán tratados de tal manera que se garantice una seguridad adecuada de los datos personales.*

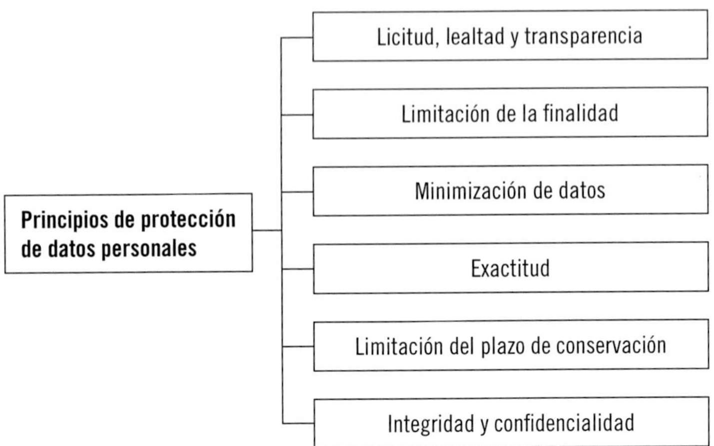

Para garantizar el cumplimiento de estos principios por parte de las empresas, se creó la Agencia Española de Protección de Datos; agencia que, además de controlar la correcta aplicación de las medidas de protección de datos personales, es el órgano al que acudir para obtener información sobre su implantación y, especialmente, sobre los derechos de los ciudadanos sobre el tratamiento de sus datos personales, por lo que se recomienda a las empresas acudir a sus guías y sistemas de ayuda ante cualquier duda que se pueda tener sobre cómo hay que recopilar, almacenar y tratar los datos.

Actividades

24. Investigue sobre las sanciones que pueden interponerle a una empresa por incumplir la protección de datos de carácter personal.

11. Resumen

Actualmente hay distintos tipos de empresas existentes atendiendo a su forma jurídica y las peculiaridades de cada una de ellas.

En el momento de la elección de la forma jurídica hay que considerar las distintas características de cada una de ellas, pero también conviene revisar los distintos requisitos y trámites que hay que cumplir para la constitución y la puesta en marcha de la empresa, ya que pueden variar considerablemente los trámites a realizar según la forma jurídica que se trate.

Los principales órganos ante los que hay que acometer algún trámite para constituir una empresa son: el Registro Mercantil (central y provincial), la Tesorería General de la Seguridad Social y la Agencia Estatal de Administración Tributaria, entre otros.

Una vez que la empresa ya se ha constituido, deberá llevar a cabo el registro contable de todas sus operaciones y, además de seguir una serie de normas y principios contables, deberá llevar una serie de libros registro y, posteriormente depositarlos y legalizarlos ante el Registro Mercantil correspondiente.

Por último, hay que tener en cuenta la relevancia de seguir las medidas indicadas por la Agencia Española de Protección de Datos para garantizar una protección adecuada de los datos de carácter personal que las empresas suelen gestionar.

Ejercicios de repaso y autoevaluación

1. Indique cuál de las siguientes tipologías de empresas no se corresponde a una clasificación según su tamaño:

a. Microempresa
b. Mediana empresa
c. Pequeña empresa
d. Miniempresa

2. El volumen de negocios anual de una mediana empresa debe ser inferior o igual a:

a. 50 millones de euros
b. 10 millones de euros
c. 2 millones de euros
d. 100 millones de euros

3. Complete los huecos en las siguientes oraciones relacionados con los tipos de empresas clasificadas por el origen de su capital:

a. El origen del capital de las empresas ____________ proviene de algún organismo público internacional, del Estado, de comunidades autónomas, ayuntamientos, diputaciones, etc.
b. En las empresas ___________ la titularidad de la empresa es compartida entre el sector público y el sector privado.
c. El origen del capital de las empresas _______________ proviene de particulares.

4. Las empresas que se dedican a obtener productos extraídos de la naturaleza son empresas del sector:

a. Terciario
b. Secundario
c. Primario
d. Cuaternario

5. Complete los huecos en las siguientes oraciones relacionados con los tipos de empresas clasificadas por la actividad que desarrollan:

a. Las empresas ____________ son aquellas que ofrecen servicios, es decir, bienes inmateriales, intangibles. Eso sí, para poder ofrecer estas actividades, las empresas se nutren de bienes tangibles y de personal humano. Suelen ser empresas que pertenecen al sector terciario.
b. Las empresas ____________ son aquellas que se dedican a comprar bienes para proceder a su venta sin realizar ninguna transformación en ellos. En otras palabras, son empresas que actúan de intermediarios entre el productor y el consumidor.
c. Las empresas ____________ son aquellas que producen bienes y servicios, bien a partir de su extracción, bien a partir de su transformación. Son principalmente empresas agrícolas e industriales.

6. El capital mínimo para constituir una sociedad limitada es de:

a. 60.000 €
b. 30.000 €
c. 6.000 €
d. 3.000 €

7. La ______________ es una figura jurídica que se caracteriza por constituirse mediante un acuerdo de un mínimo de dos personas que son propietarios o titulares de algún bien o derecho indivisible y que quieren iniciar un proyecto empresarial común a través de la explotación de dicho bien/derecho:

a. comunidad de bienes
b. sociedad comanditaria por acciones
c. cooperativa
d. sociedad limitada

8. Los socios ____________ de una sociedad comanditaria son aquellos que solo aportan capital y su responsabilidad frente a las deudas se limita a la aportación realizada.

a. limitados
b. comanditarios
c. colectivos
d. públicos

9. Los socios _____________ de una sociedad colectiva son aquellos cuya aportación se limita a su trabajo.

a. industriales
b. capitalistas
c. colectivos
d. públicos

10. ¿Cómo se denomina el organismo público encargado de controlar que las empresas depositen y legalicen correctamente los libros contables en el Registro Mercantil?

a. Agencia Española de Protección de Datos
b. Instituto de Contabilidad y Auditoría de Cuentas
c. Tesorería General de la Seguridad Social
d. Consejería de empleo de la comunidad autónoma correspondiente

Capítulo 2

Contrataciones de la empresa con organizaciones y Administraciones públicas

Contenido

1. Introducción

Todo emprendedor debe conocer el proceso para poder trabajar con el sector público, ya que es una gran oportunidad de negocio que puede hacer que incremente los ingresos notablemente y que se convierta en proveedor habitual, disminuyendo así la incertidumbre empresarial.

Eso sí, hay que tener en cuenta que, para poder vender bienes y servicios a una Administración pública hay una serie de requisitos estrictos y hay que seguir un procedimiento burocrático paso a paso.

Por ello, a lo largo de este capítulo se va a explicar con detenimiento toda la normativa relacionada con la contratación del sector público haciendo referencia especialmente a la Ley 9/2017, de 8 de noviembre, de Contratos del Sector Público y a su normativa de desarrollo, con la finalidad de ofrecer al empresario una serie de herramientas para hacer más liviana y sencilla toda la tramitación con las Administraciones públicas.

2. Legislación aplicable a los procesos de contratación pública

La contratación pública se regula en la Ley 9/2017, de 8 de noviembre, de Contratos del Sector Público, por la que se transponen al ordenamiento jurídico español las Directivas del Parlamento Europeo y del Consejo 2014/23/UE y 2014/24/UE, de 26 de febrero de 2014.

La Ley 9/2017, de 8 de noviembre de Contratos del Sector Público (en adelante, LCSP) tiene como principal finalidad es garantizar que las personas (físicas y jurídicas) puedan acceder a la contratación del sector público en igualdad mediante procedimientos transparentes con publicidad con objeto de garantizar la libre competencia y de poder optar por la alternativa más ventajosa económicamente.

Sabía que...

Una licitación pública es el procedimiento mediante el cual se adjudica a una persona o empresa la realización de una obra o de un servicio, a cuenta del sector público.

2.1. Ámbito de aplicación

La LCSP define los contratos del sector público como aquellos contratos onerosos, independientemente de su naturaleza jurídica, que celebren las entidades incluidas en el ámbito subjetivo del artículo 3 de la LCSP que se describen a continuación:

a. La Administración General del Estado, las Administraciones de las Comunidades Autónomas, las Ciudades Autónomas de Ceuta y Melilla y las Entidades que integran la Administración Local.

b. Las Entidades Gestoras y los Servicios Comunes de la Seguridad Social.

c. Los Organismos Autónomos, las Universidades Públicas y las autoridades administrativas independientes.

d. Los consorcios dotados de personalidad jurídica propia a los que se refiere la Ley 40/2015, de 1 de octubre, de Régimen Jurídico del Sector Público, y la legislación de régimen local, así como los consorcios regulados por la legislación aduanera.

e. Las fundaciones públicas. A efectos de esta Ley, se entenderá por fundaciones públicas aquellas que reúnan alguno de los siguientes requisitos:

1. *Que se constituyan de forma inicial, con una aportación mayoritaria, directa o indirecta, de una o varias entidades integradas en el sector público, o bien reciban dicha aportación con posterioridad a su constitución.*
2. *Que el patrimonio de la fundación esté integrado en más de un 50 por ciento por bienes o derechos aportados o cedidos por sujetos integrantes del sector público con carácter permanente.*
3. *Que la mayoría de derechos de voto en su patronato corresponda a representantes del sector público.*

f. Las Mutuas colaboradoras con la Seguridad Social.

g. Las Entidades Públicas Empresariales a las que se refiere la Ley 40/2015, de 1 de octubre, de Régimen Jurídico del Sector Público, y cualesquiera entidades de derecho público con personalidad jurídica propia vinculadas a un sujeto que pertenezca al sector público o dependientes del mismo.

h. Las sociedades mercantiles en cuyo capital social la participación, directa o indirecta, de entidades de las mencionadas en las letras a), b), c), d), e), g) y h) del presente apartado sea superior al 50 por 100, o en los casos en que sin superar ese porcentaje, se encuentre respecto de las referidas entidades en el supuesto previsto en el artículo 5 del texto refundido de la Ley del Mercado de Valores, aprobado por Real Decreto Legislativo 4/2015, de 23 de octubre.

i. Los fondos sin personalidad jurídica.

j. Cualesquiera entidades con personalidad jurídica propia, que hayan sido creadas específicamente para satisfacer necesidades de interés general que no tengan carácter industrial o mercantil, siempre que uno o varios sujetos pertenecientes al sector público financien mayoritariamente su actividad, controlen su gestión, o nombren a más de la mitad de los miembros de su órgano de administración, dirección o vigilancia.

k. Las asociaciones constituidas por las entidades mencionadas en las letras anteriores.

l. A los efectos de esta Ley, se entiende que también forman parte del sector público las Diputaciones Forales y las Juntas Generales de los Territorios Históricos del País Vasco en lo que respecta a su actividad de contratación.

Actividades

1. Investigue sobre los distintos organismos y entidades que forman parte del sector público español, analizando las diferencias y similitudes que hay entre ellos.

3. Partes del contrato

Para que una Administración pública celebre un contrato de una entidad debe seguirse el régimen administrativo regulado por la LCSP. Concretamente, el artículo 2.2 menciona quiénes están definidos como Administración pública a efectos de contratación pública:

- Administración General del Estado, las administraciones de las comunidades autónomas, las ciudades autónomas de Ceuta y Melilla y las entidades locales.
- Las entidades gestoras y los servicios comunes de la Seguridad Social.
- Los organismos autónomos, las universidades públicas y las autoridades administrativas independientes.
- Las diputaciones forales y las Juntas Generales de los Territorios Históricos del País Vasco.

Por otra parte, se encuentran los poderes adjudicadores, definidos en el artículo 3.3 de la LCSP.

Definición

Poder adjudicador
Entidad que tiene potestad para adjudicar contratos administrativos. Se crea específicamente para satisfacer necesidades de interés general que no tengan carácter industrial o mercantil.

A efectos de contratación pública, los poderes adjudicadores son los siguientes:

- Las Administraciones públicas.
- Las fundaciones públicas.
- Las mutuas colaboradoras con la Seguridad Social.
- Resto de entidades con personalidad jurídica propia creadas específicamente para satisfacer necesidades de interés general que no tengan carácter industrial o mercantil.
- Las asociaciones que se constituyan por los anteriores.

Una vez definido con precisión qué se puede considerar administración pública y qué es un poder adjudicador, es necesario describir cuáles son los elementos más relevantes de un contrato administrativo.

3.1. Elementos de un contrato administrativo

Los contratos administrativos tienen tres tipos de elementos:

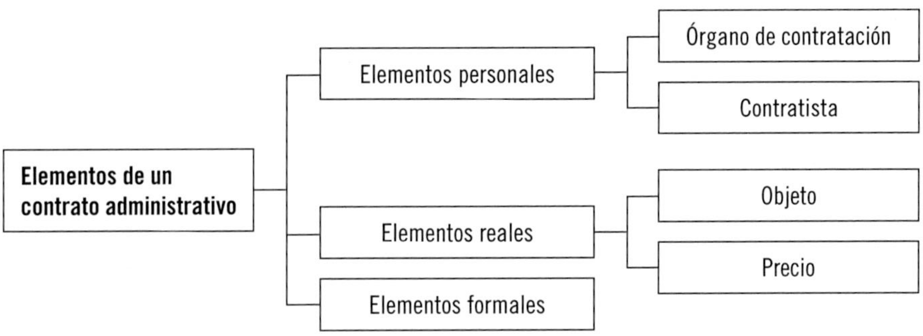

Los **elementos personales** hacen referencia a las partes que firman el contrato administrativo, como mínimo debe haber dos:

- **Órgano de contratación:** puede ser unipersonal o colegiado y debe poder celebrar contratos en su nombre. Se trata de la Administración pública que forma parte del contrato administrativo.
- **Contratista:** solo pueden ser contratistas aquellas personas físicas o jurídicas, tanto españolas como extranjeras, que tengan plena capacidad de obrar, además de acreditar su solvencia económica, financiera y técnica o profesional.

Respecto a los **elementos reales** del contrato administrativo, hay que destacar el objeto y el precio:

- **Objeto:** debe ser determinado y no se puede fraccionar a fin de reducir su importe y eludir su publicidad o el cumplimiento de determinados requisitos y/o condiciones relativas al procedimiento de adjudicación correspondiente.

- **Precio:** es la retribución que percibirá el contratista por la realización del servicio/obra. El precio debe ser cierto y expresarse en euros, aunque la contraprestación puede hacerse en términos monetarios.

Nota

Una contraprestación no monetaria puede ser la entrega de un terreno o un inmueble. Eso sí, aunque la administración pague al contratista con un terreno, el importe en euros y el IVA soportado deben constar en el contrato administrativo.

Por último, los **elementos formales** son los requisitos que debe cumplir el contrato para que se ajuste exactamente a las condiciones de la licitación objeto del mismo. Los elementos formales pueden variar según la licitación, el objeto o la Administración pública que se trate.

Actividades

2. Defina con más profundidad los elementos que forman parte de un contrato público. ¿Cuáles son las diferencias entre los elementos formales, reales y personales?

Aplicación práctica

La empresa Metales Pesados, S. A., que se dedica a la eliminación de metales pesados en aguas residuales, quiere empezar una línea de negocio cuyo cliente objetivo son los organismos públicos, y su gerente quiere conocer cuáles son los requisitos que debe cumplir como contratista para poder acceder a la contratación pública.

Continúa en página siguiente >>

<< Viene de página anterior

Asesórele e indíquele cuáles son dichos requisitos.

SOLUCIÓN

Para conocer los requisitos que debe cumplir el contratista hay que acudir a los elementos personales del contrato. Son los siguientes:

- Ser personas físicas o jurídicas, tanto españolas como extranjeras.
- Tener plena capacidad de obrar.
- Acreditar solvencia económica, financiera y técnica o profesional.
- No estar incursa en una prohibición de contratar.
- Contar con la habilitación empresarial o profesional que se exige para realizar la actividad del contrato.

---

4. Procedimiento general de contratación

Antes de explicar el procedimiento general de contratación, hay que mencionar la existencia de varios tipos de contratos administrativos.

4.1. Tipos de contratos administrativos

Así, los contratos administrativos se pueden clasificar atendiendo a su contenido y a su finalidad. Se distinguen los siguientes:

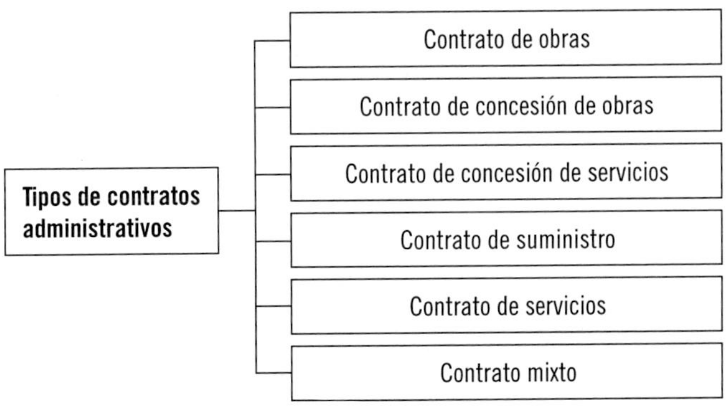

Contratos de obras

Según el artículo 13.1 de la LCSP, los contratos de obras son aquellos que tienen por objeto alguno de los que se indican a continuación:

> *a. La ejecución de una obra, aislada o conjuntamente con la redacción del proyecto, o la realización de alguno de los trabajos enumerados en el Anexo I.*
>
> *b. La realización, por cualquier medio, de una obra que cumpla los requisitos fijados por la entidad del sector público contratante que ejerza una influencia decisiva en el tipo o el proyecto de la obra.*

Además, en el artículo 13 se indica que los contratos de obra deben referirse a una obra completa y entienden a esta como aquella que es susceptible a ser entregada al uso general o al servicio correspondiente, comprendiendo todos los elementos necesarios para utilizarla.

Un contrato de obras puede ser la construcción de un edificio público como, por ejemplo, un instituto de educación secundaria. En este contrato, la constructora realiza la obra del instituto a cambio de un precio determinado en el contrato.

Contratos de concesión de obras

El contrato de concesión de obras se define en el artículo 14 de la LSCP como sigue:

> *La concesión de obras es un contrato que tiene por objeto la realización por el concesionario de algunas de las prestaciones a que se refiere el artículo anterior, incluidas las de restauración y reparación de construcciones existentes, así como la conservación y mantenimiento de los elementos construidos, y en el que la contraprestación a favor de aquel consiste, o bien únicamente en el derecho a explotar la obra en el sentido del apartado cuarto siguiente, o bien en dicho derecho acompañado del de percibir un precio.*

Un contrato de concesión de obras puede ser el encargo para construir una autopista de peaje. En este caso, el contratista construye la autopista y se le otorga la explotación posterior de la misma, donde podrá decidir cobrar un peaje o, incluso, un peaje además de un precio concreto.

Actividades

3. Investigue sobre las distintas partes de un modelo estándar de un contrato de concesión de obras.

Contratos de concesión de servicios

El contrato de concesión de servicios está definido en el artículo 15 de la LCSP del siguiente modo:

> *El contrato de concesión de servicios es aquel en cuya virtud uno o varios poderes adjudicadores encomiendan a título oneroso a una o varias personas, naturales o jurídicas, la gestión de un servicio cuya prestación sea de su titularidad o competencia, y cuya contrapartida venga constituida bien por el derecho a explotar los servicios objeto del contrato o bien por dicho derecho acompañado del de percibir un precio.*

Un contrato de concesión de servicios puede, por ejemplo, ser el que encarga gestionar un gimnasio municipal.

Contratos de suministro

En relación al contrato de suministros, el artículo 16 de la LCSP indica que: *Son contratos de suministro los que tienen por objeto la adquisición, el arrendamiento financiero, o el arrendamiento, con o sin opción de compra, de productos o bienes muebles.*

Un contrato de suministros puede ser, por ejemplo, la compra y el alquiler de servidores, ordenadores y/u otros equipos de telecomunicaciones para ser utilizados en una Administración pública.

Contratos de servicios

Los contratos de servicios están regulados en el artículo 17 de la LCSP y se definen como: *aquellos cuyo objeto son prestaciones de hacer consistentes en el desarrollo de una actividad o dirigidas a la obtención de un resultado distinto de una obra o suministro, incluyendo aquellos en que el adjudicatario se obligue a ejecutar el servicio de forma sucesiva y por precio unitario.*

Por ejemplo, un contrato de servicios puede ser la administración y gestión de una base de datos.

Actividades

4. Busque ejemplos de contratos de servicios y de contratos de concesión de servicios y analice las diferencias existentes entre ellos.

Contratos mixtos

Por último, el artículo 18 de la LCSP define los contratos mixtos como aquellos que contengan prestaciones de otro u otros contratos de distinta clase.

Un contrato mixto puede ser uno en el que se encargue el suministro de ordenadores para una escuela y su posterior mantenimiento. Mientras que el suministro de ordenadores sería un contrato de suministro, el mantenimiento de los mismos sería un contrato de concesión de servicios.

4.2. Procedimiento de contratación

El procedimiento general de contratación del sector público está formado por un conjunto de fases con una serie de trámites que deben ser cumplidos obligatoriamente por los licitadores y por el órgano de contratación.

Las fases elementales del procedimiento de contratación son las siguientes:

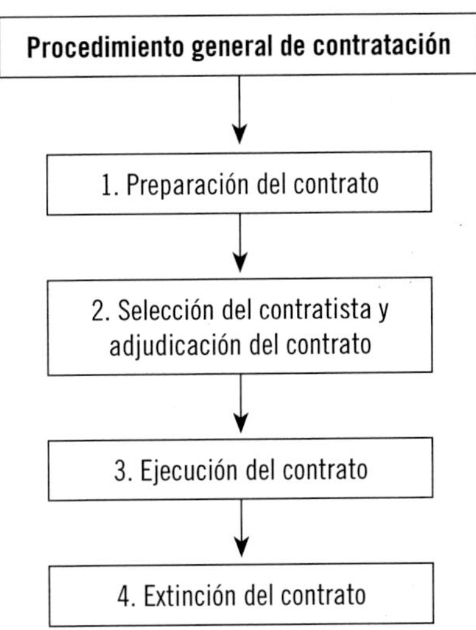

A continuación, se van a definir cada una de las fases y se van a mencionar los trámites más importantes a realizar en cada una de ellas.

Fase 1. Preparación del contrato

Para que un contrato pueda celebrarse es necesario que el órgano de contratación tramite previamente un expediente de contratación.

Este expediente incluirá los puntos que motivan la realización de dicho contrato y se justificará debidamente la elección del procedimiento de contratación en cuestión, además de los criterios que se considerarán para la adjudicación del contrato.

Además, el expediente incluirá el pliego de cláusulas administrativas particulares y, si procede, el pliego de prescripciones técnicas que deban considerarse en el contrato.

Actividades

5. Defina con mayor profundidad qué es un expediente de contratación.

Antes de proceder a la licitación, los órganos de contratación tienen la potestad para hacer estudios de mercado o realizar consultas a los operadores económicos activos del sector. Eso sí, toda consulta debe realizarse respetando siempre la competencia y los principios de transparencia y no discriminación.

El órgano de contratación está obligado legalmente a que en el pliego establecido en el contrato se incluya, como mínimo, una condición especial ambiental, social o laboral, bien sea como condición especial de ejecución o bien como criterio de adjudicación.

Nota

Un pliego es un conjunto de documentos en el que se definen las características que deben regir un contrato. La LCSP distingue entre los pliegos de cláusulas administrativas y los pliegos de prescripciones técnicas.

Fase 2. Selección del contratista y adjudicación del contrato

En esta fase, los candidatos interesados elaboran la documentación necesaria para que puedan presentar su oferta. La documentación debe estar debidamente ordenada e informar claramente del contenido de la oferta.

Las proposiciones deben ajustarse a lo establecido en los pliegos y deben contener la propuesta económica. Estas serán secretas, por lo que deben presentarse en distintos sobres cerrados, llamados plicas, además de numerados y firmados por el licitador correspondiente.

La presentación de ofertas deberá llevarse a cabo por medios electrónicos, salvo que los pliegos requieran otro tipo de presentación.

Una vez finalizado el plazo de presentación de oferta, el órgano de contratación abre todos los plicas y evalúa las distintas ofertas siguiendo una serie de criterios de adjudicación y respetando la mejor calidad-precio, según los criterios cualitativos y económicos.

Finalizada la evaluación, el órgano competente hace la propuesta de adjudicación al órgano de contratación que deberá realizar la adjudicación definitiva en un plazo de 15 días.

Finalmente, desde el día siguiente a aquel en el que se notifica a los licitadores, la adjudicación definitiva, en un plazo no superior a 15 días hábiles, deberá formalizarse el contrato.

Eso sí, a pesar de que se ha comentado por encima el procedimiento general de selección y adjudicación, hay que tener en cuenta que hay distintos tipos de procedimientos para seleccionar el contratista y adjudicar el contrato atendiendo al objeto del mismo:

- **Procedimiento abierto:** puede presentarse cualquier empresario interesado y no hay negociación de los términos contractuales.
- **Procedimiento abierto simplificado:** solo se puede aplicar a contratos de obras, contratos de suministros y contratos de servicios con importes

inferiores a determinados umbrales. La tramitación es más simple y los plazos son más cortos.

- **Procedimiento restringido:** solo pueden participar aquellos empresarios que hayan sido seleccionados por la Administración, previa solicitud del empresario. No se pueden negociar los términos contractuales y el número de empresarios seleccionados para participar no puede ser inferior a cinco.
- **Procedimiento de asociación para la innovación:** se aplica en los casos en los que hay que llevar a cabo actividades de investigación y desarrollo sobre servicios, obras y productos con carácter innovador, con la finalidad de ser adquirido posteriormente por la Administración. En estos casos, el órgano de contratación selecciona a los candidatos que pueden formular sus ofertas y crea una asociación con uno o varios de ellos para que realicen de forma separada las actividades de I+D.
- **Procedimientos con negociación:** el órgano de contratación negocia con uno o varios candidatos las condiciones del contrato y, tras ello, elegirá a un licitador de forma justa.
- **Diálogo competitivo:** el órgano de contratación realiza un diálogo con los distintos candidatos seleccionados que hayan presentado la solicitud correspondiente con la finalidad de alcanzar una o varias soluciones que puedan satisfacer las necesidades establecidas en el contrato. Este diálogo servirá para que los candidatos tengan una base cuando presenten su oferta.

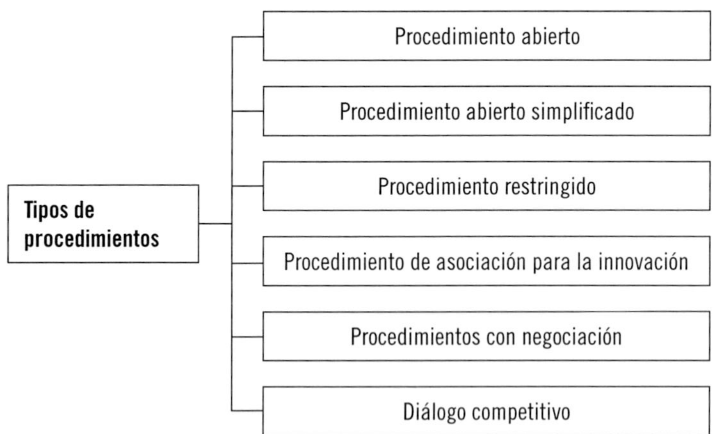

Como se puede deducir de las características de cada tipo de procedimiento, todos tienen un procedimiento general de contratación, pero con unas peculiaridades que se adaptan a cada uno de ellos.

Actividades

6. Realice un esquema con distintos tipos de contratación pública y las características principales de cada uno de los tipos.

Aplicación práctica

Usted, administrador único de la empresa Mantenimiento de datos, S. L., que se dedica a la fabricación y comercialización de zapatos, ha estado consultando el BOE del 17/05/2023, ha visto que la Jefatura de la Sección Económico Administrativa de la Base Aérea de Torrejón ha publicado un anuncio de licitación que puede interesarle y ha decidido presentar una oferta. El anuncio de licitación es el siguiente:

Continúa en página siguiente >>

<< Viene de página anterior

BOLETÍN OFICIAL DEL ESTADO

Núm. 117 Miércoles 17 de mayo de 2023 Sec. V-A. Pág. 22573

V. Anuncios

A. Contratación del Sector Público

MINISTERIO DE DEFENSA

14427 *Anuncio de licitación de: Jefatura de la Sección Económico Administrativa 22 - Base Aérea de Torrejón (Agrupación de Base). Objeto: Suministro y fabricación de zapato negro femenino tacón bajo (20239022). Expediente: 2023/EA22/00000500E.*

1. Poder adjudicador:

1.1) Nombre: Jefatura de la Sección Económico Administrativa 22 - Base Aérea de Torrejón (Agrupación de Base).
1.2) Número de identificación fiscal: S2822022F.
1.3) Dirección: Carretera Nacional II, Km. 22,8.
1.4) Localidad: Torrejón de Ardoz.
1.5) Provincia: Madrid.
1.6) Código postal: 28850.
1.7) País: España.
1.8) Código NUTS: ES300.
1.9) Teléfono: 916275119.
1.11) Correo electrónico: sea22contratacion@ea.mde.es
1.12) Dirección principal: http://www.contrataciondelestado.es
1.13) Dirección del perfil de comprador: https://contrataciondelestado.es/wps/poc?uri=deeplink:perfilContratante&idBp=TCRaO8F0opc%3D

2. Acceso a los pliegos de contratación: Acceso libre, directo, completo y gratuito a los pliegos de la contratación, en https://contrataciondelestado.es/wps/poc?uri=deeplink:detalle_licitacion&idEvl=J6XFpQp%2FNVotm4eBPtV6eQ%3D%3D

3. Tipo de poder adjudicador y principal actividad ejercida:

3.1) Tipo: Administración General del Estado.
3.2) Actividad principal ejercida: Defensa.

5. Códigos CPV: 18813300 (Calzado de vestir).

6. Lugar principal de entrega de los suministros: ES3.

7. Descripción de la licitación: Suministro y fabricación de zapato negro femenino tacón bajo (20239022).

8. Valor estimado: 60.000,00 euros.

9. Información sobre las variantes: No se aceptarán variantes.

10. Duración del contrato, acuerdo marco o sistema dinámico de adquisición: 6 meses.

11. Condiciones de participación:

11.3) Situación personal: Capacidad de obrar.

11.4) Situación económica y financiera: Cifra anual de negocio (apartado 9 del anexo I del PACAP).

11.5) Situación técnica y profesional: Otros (apartado 9 del anexo I del PACAP).

cve: BOE-B-2023-14427
Verificable en https://www.boe.es

Continúa en página siguiente >>

<< Viene de página anterior

BOLETÍN OFICIAL DEL ESTADO

Núm. 117 Miércoles 17 de mayo de 2023 Sec. V-A. Pág. 22574

12. Tipo de procedimiento: Abierto.

18. Criterios de adjudicación:

18.1) Precio (Ponderación: 51%).
18.2) Calidad (Ponderación: 49%).

19. Plazo para la recepción de ofertas o solicitudes de participación: Hasta las 09:00 horas del 12 de junio de 2023.

20. Lugar de envío de las ofertas o de las solicitudes de participación:

20.1) Dirección: Jefatura de la Sección Económico Administrativa 22 – Base Aérea de Torrejón (Agrupación de Base). Carretera Nacional A-2 KM 22, Base Aérea de Torrejón de Ardoz Madrid. 28850 TORREJÓN DE ARDOZ, España.
20.2) URL: https://contrataciondelestado.es/wps/poc?uri=deeplink%3AperfilContratante&idBp=TCRaO8F0opc%3D

21. Apertura de ofertas:

21.2) Fecha, hora y lugar de apertura de las plicas:

21.2.1) Apertura sobre administrativa: 13 de junio de 2023 a las 09:00 (Criterios sometidos a juicio de valor) . Sala Juntas SEA22. Carretera N-II km 22.800 - 28850 TORREJÓN DE ARDOZ, España.
21.2.2) Apertura sobre oferta técnica: 16 de junio de 2023 a las 09:00. Sala Juntas SEA22. Carretera N-II km 22.800 - 28850 TORREJÓN DE ARDOZ, España.

21.3) Personas autorizadas a asistir a dicha apertura:

21.3.1) Apertura sobre administrativa: Privado (publico por medios electronicos).
21.3.2) Apertura sobre oferta técnica: Privado.

22. Lengua o lenguas en las que deberán redactarse las ofertas o las solicitudes de participación: Español.

23. Información sobre flujos de trabajo electrónicos:

23.1) Se aceptará la presentación electrónica de ofertas o de solicitudes de participación.

28. Fecha de envío del anuncio: 11 de mayo de 2023.

Torrejón de Ardoz, 11 de mayo de 2023.- Jefe de la Sección Económico Administrativa 22 - Base Aérea de Torrejón (Agrupación de Base), Ignacio Yáñez Rodríguez.

ID: A230017738-1

cve: BOE-B-2023-14427
Verificable en https://www.boe.es

https://www.boe.es BOLETÍN OFICIAL DEL ESTADO D.L.: M-1/1958 - ISSN: 0212-033X

Continúa en página siguiente >>

<< Viene de página anterior

Analice el anuncio de licitación para indicar dónde y cómo hay que presentar las ofertas o solicitudes de participación y la fecha límite para ello.

SOLUCIÓN

Analizando el anuncio de licitación, se puede ver en el apartado 20 dónde y cómo hay que presentar las ofertas.

Así, este trámite se puede realizar de dos formas:

- **Físicamente:** remitiéndolo a la Jefatura de la Sección Económico Administrativa 22 – Base Aérea de Torrejón (Agrupación de Base). Carretera Nacional A-2 KM 22, Base Aérea de Torrejón de Ardoz Madrid. 28850 TORREJÓN DE ARDOZ, España.
- **Telemáticamente:** presentando la oferta en la siguiente dirección web: https://contrataciondelestado.es/wps/ poc?uri=deeplink%3AperfilContratante&idBp=TCRa08F0opc%3D

El apartado 19 del anuncio de licitación indica el plazo máximo para la recepción de ofertas, siendo este el 12 de junio de 2023 a las 09:00 horas.

Fase 3. Ejecución del contrato

La fase 3 de ejecución del contrato consiste en llevar a cabo el objeto del contrato formalizado dentro del plazo establecido y siempre siguiendo las condiciones especificadas en los distintos tipos de pliegos.

Los contratos deben cumplirse respetando sus cláusulas, sin perjuicio de todas aquellas prerrogativas que la legislación establezca a favor de la Administración.

Fase 4. Extinción del contrato

Los contratos pueden extinguirse por dos causas:

- **Por cumplimiento:** el contratista habrá cumplido el contrato cuando haya realizado toda la prestación, de acuerdo con los términos establecidos en el contrato y a satisfacción de la Administración pública correspondiente.

- **Por resolución:** los contratos se pueden resolver por las siguientes circunstancias que se expresan en la LCSP:
  - Insolvencia del contratista.
  - Por mutuo acuerdo.
  - Incumplimiento por parte del contratista de los términos/condiciones del contrato.
  - Impago de los salarios de los trabajadores que llevan a cabo la ejecución del contrato.
  - Incumplimiento de las condiciones del convenio colectivo de los trabajadores que ejecutan el contrato.

Atendiendo a la causa que motive la resolución del contrato, las consecuencias son distintas. No obstante, el acuerdo de resolución debe contener un pronunciamiento expreso sobre si procede o no la pérdida, cancelación o devolución de la garantía constituida.

Actividades

7. Busque información sobre qué puede ocurrir si el contratista incumple los términos o las condiciones del contrato público. ¿Habría alguna consecuencia?

4.3. Requisitos generales

Los requisitos generales de la contratación del sector público vienen regulados en los artículos del 28 al 33 de la LCSP y hacen relación a lo siguiente:

- Necesidad e idoneidad del contrato y eficiencia en la contratación.
- Plazo de duración del contrato y de ejecución de la prestación.
- Ejecución directa de prestaciones por la Administración pública con la colaboración de empresarios particulares o a través de medios propios no personificados.

- Potestad de autoorganización y sistemas de cooperación pública vertical y horizontal.
- Encargos de los poderes adjudicadores a medios propios personificados.
- Encargos de entidades del sector público no consideradas poder adjudicador a medios propios personalizados.

Necesidad e idoneidad del contrato y eficiencia en la contratación

En relación a la necesidad e idoneidad del contrato del sector público, el artículo 28.1 de la LCSP indica lo siguiente:

> *Las entidades del sector público no podrán celebrar otros contratos que aquellos que sean necesarios para el cumplimiento y realización de sus fines institucionales. A tal efecto, la naturaleza y extensión de las necesidades que pretenden cubrirse mediante el contrato proyectado, así como la idoneidad de su objeto y contenido para satisfacerlas, cuando se adjudique por un procedimiento abierto, restringido o negociado sin publicidad, deben ser determinadas con precisión, dejando constancia de ello en la documentación preparatoria, antes de iniciar el procedimiento encaminado a su adjudicación.*

Respecto a la eficiencia en la contratación, la LCSP, en su artículo 28.2, indica que:

> *Las entidades del sector público velarán por la eficiencia y el mantenimiento de los términos acordados en la ejecución de los procesos de contratación pública, favorecerán la agilización de trámites, valorarán la incorporación de consideraciones sociales, medioambientales y de innovación como aspectos positivos en los procedimientos de contratación pública y promoverán la participación de la pequeña y mediana empresa y el acceso sin coste a la información, en los términos previstos en la presente Ley.*

Plazo de duración del contrato y de ejecución de la prestación

El artículo 29 de la LCSP establece que: *La duración de los contratos del sector público deberá establecerse teniendo en cuenta la naturaleza de las prestaciones, las características de su financiación y la necesidad de someter periódicamente a concurrencia la realización de las mismas, (...).*

Además, el contrato puede contemplar que se puedan realizar una o varias prórrogas, siempre que permanezcan inalterables sus características durante todo su período de duración.

La prórroga debe acordarse por el órgano de contratación y es de obligatorio cumplimiento para el contratista, siempre que se haya realizado un preaviso con una antelación mínima de dos meses a la finalización del plazo de duración del contrato original, salvo en el caso en el que se establezca otro plazo.

Si el contrato es inferior a dos meses, no es necesario respetar el plazo de preaviso de dos meses mencionado en el apartado anterior.

Además, tal como ya se ha comentado, el plazo del contrato se puede prorrogar por causas no imputables al contratista, bajo solicitud de este y por un plazo igual a la duración de la causa comentada.

Ejecución directa de prestaciones por la Administración pública con la colaboración de empresarios particulares o a través de medios propios no personificados

Según el artículo 30 de la LCSP, la ejecución de obras se podrá llevar a cabo por los servicios de la Administración pública mediante la utilización exclusiva de medios propios no personificados o a través de la colaboración de empresarios particulares.

Para ello, debe concurrir alguna de las siguientes circunstancias:

a. *Que la Administración tenga montadas fábricas, arsenales, maestranzas o servicios técnicos o industriales suficientemente aptos para la realización de la prestación, en cuyo caso deberá normalmente utilizarse este sistema de ejecución.*

b. *Que la Administración posea elementos auxiliares utilizables, cuyo empleo suponga una economía superior al 5 por 100 del importe del presupuesto del contrato o una mayor celeridad en su ejecución, justificándose, en este caso, las ventajas que se sigan de la misma.*

c. *Que no haya habido ofertas de empresarios en la licitación previamente efectuada.*

d. *Cuando se trate de un supuesto de emergencia, de acuerdo con lo previsto en el artículo 120.*

e. Cuando, dada la naturaleza de la prestación, sea imposible la fijación previa de un precio cierto o la de un presupuesto por unidades simples de trabajo.

f. Cuando sea necesario relevar al contratista de realizar algunas unidades de obra por no haberse llegado a un acuerdo en los precios contradictorios correspondientes.

g. Las obras de mera conservación y mantenimiento, definidas en el artículo 232.5.

h. Excepcionalmente, la ejecución de obras definidas en virtud de un anteproyecto, cuando no se aplique el artículo 146.2 relativo a la valoración de las ofertas con más de un criterio de adjudicación.

Normalmente, la prestación de servicios será llevada a cabo por la propia Administración empleando sus medios propios. Si no se dispone de medios suficientes para ello, se puede realizar mediante contratación, siempre que se haya justificado en el expediente de contratación.

Potestad de autoorganización y sistemas de cooperación pública vertical y horizontal

Según el artículo 31 de la LCSP, las entidades del sector público pueden cooperar entre sí sin que se trate de una cooperación contractual.

Dicha cooperación puede llevarse a cabo de las siguientes formas:

- **Sistemas de cooperación vertical:** cooperación entre los poderes adjudicadores y otros entes del sector no considerados poder adjudicador mediante un acuerdo de encargo.
- **Sistemas de cooperación horizontal**: sistemas de cooperación entre entidades del sector público a través de un convenio.

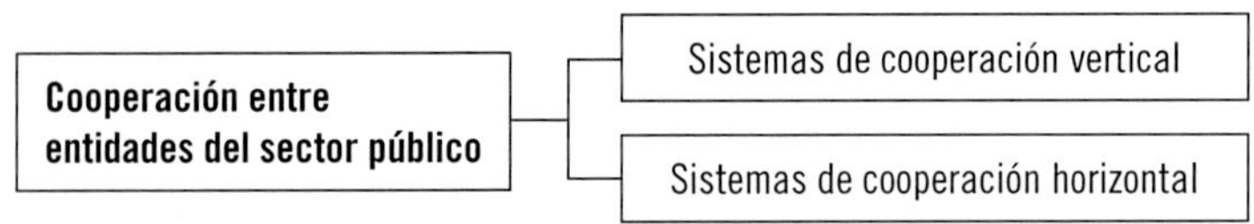

Si el procedimiento de contratación se realiza totalmente conjuntamente en nombre y por cuenta de varias entidades, dichas entidades tendrán responsabilidad conjunta respecto al cumplimiento de las obligaciones estipuladas en el procedimiento.

Sin embargo, si el procedimiento de contratación no ha sido desarrollado totalmente en nombre y por cuenta de las entidades interesadas, dicha responsabilidad conjunta estará limitada a aquellas partes del procedimiento que se hayan llevado a cabo conjuntamente.

Actividades

8. ¿Qué significa que las entidades tienen responsabilidad conjunta en un procedimiento de contratación? Ponga un ejemplo.

Encargos de los poderes adjudicadores a medios propios personificados

El artículo 32 de la LCSP indica lo siguiente:

Los poderes adjudicadores podrán organizarse ejecutando de manera directa prestaciones propias de los contratos de obras, suministros, servicios, concesión de obras y concesión de servicios, a cambio de una compensación tarifaria, valiéndose de otra persona jurídica distinta a ellos, ya sea de derecho público o de derecho privado, previo encargo a esta, con sujeción a lo dispuesto en este artículo, siempre y cuando la persona jurídica que utilicen merezca la calificación jurídica de medio propio personificado respecto de ellos (...).

El encargo que cumpla dichos requisitos no tendrá la consideración de contrato.

Los medios propios personificados se refieren a personas jurídicas creadas por los poderes adjudicadores, con la finalidad de realizar ciertas actividades o servicios y que estos estén bajo su control directo.

Estas personas jurídicas pueden tener forma de sociedades mercantiles o de entidades con personalidad jurídica propia.

Encargos de entidades pertenecientes al sector público que no tengan la consideración de poder adjudicador a medios propios personalizados

La LCSP, en su artículo 33, indica lo siguiente:

> *Las entidades del sector público que no tengan la consideración de poder adjudicador podrán ejecutar de manera directa prestaciones propias de los contratos de obras, suministros, servicios, concesión de obras y concesión de servicios a cambio de una compensación valiéndose de otra persona jurídica distinta a ellos, previo encargo a esta, con sujeción a lo dispuesto en este artículo, siempre y cuando la persona jurídica que utilicen merezca la calificación jurídica de medio propio personificado respecto de ellos, de conformidad con lo dispuesto en el apartado siguiente. El encargo que cumpla estos requisitos no tendrá la consideración de contrato.*

Por otra parte, hay entidades del sector público que no son poderes adjudicadores. Estos también pueden llevar a cabo con medios propios determinados servicios y actividades a través de medios propios personificados con personalidad jurídica propia.

En estos casos, el encargo para desarrollar estas actividades/servicios no se podrá considerar contrato administrativo.

4.4. Requisitos de publicidad

Según la LSCP, las entidades del sector público, en el ámbito de sus competencias, deben asegurar la transparencia y la publicidad de sus actuaciones en materia de contratación, además de facilitar información precisa, suficiente y no discriminatoria a los operadores económicos que estén interesados en contratar con ellas.

Por ello, las entidades públicas, previamente a la licitación de los contratos, deben dar publicidad a los siguientes contratos:

- **Contratos sujetos a regulación armonizada:** su valor estimado iguala o supera los umbrales establecidos en la normativa europea.

- **Contratos no sujetos a regulación armonizada:** con un valor estimado igual o mayor a los umbrales establecidos reglamentariamente según el caso.
- **Contratos menores:** son aquellos cuyo valor es una cuantía reducida y con características específicas. En estos casos, no es necesario darles publicidad previa ni sacarlos a licitación, pero sí es obligatorio llevar un registro de todos los contratos menores celebrados y publicar cada trimestre un resumen de los mismos en su perfil de contratante.

Importante

Las entidades del sector público darán publicidad a los contratos a través de la Plataforma de Contratación del Sector Público.

Anuncio de información previa

El artículo 134.1 de la LCSP establece que *Los órganos de contratación podrán publicar un anuncio de información previa con el fin de dar a conocer aquellos contratos de obras, suministros o servicios que, estando sujetos a regulación armonizada, tengan proyectado adjudicar en el plazo a que se refiere el apartado 5 del presente artículo.*

El anuncio de información previa se lleva a cabo antes de iniciar el propio procedimiento de contratación y tiene como finalidad dar a conocer a los posibles interesados la existencia del contrato y que estos puedan participar en la licitación.

En el anuncio de información previa se facilita información general sobre el contrato, como, por ejemplo, la siguiente:

Anuncio de información previa
- Identificación del órgano de contratación - Descripción y objeto del contrato - Valor estimado - Duración estimada - Procedimiento de contratación (abierto, restringido, negociado, etc.) - Criterios de adjudicación - Fecha prevista para la publicación del anuncio de licitación

Es importante considerar que el contenido exacto del anuncio de información previa puede diferir según las características del contrato en cuestión y de las disposiciones que establezca el órgano de contratación.

Importante

El contenido del anuncio de información previa no es vinculante y no genera ningún tipo de obligación para el órgano de contratación, por lo que el contenido del contrato final puede diferir del anuncio.

Anuncio de licitación

Un anuncio de licitación es un proceso mediante el cual se da a conocer a los posibles licitadores la convocatoria de un contrato público.

Se trata de un paso de especial relevancia dentro del procedimiento de contratación pública, ya que su objeto fundamental es garantizar tanto la transparencia como la libre concurrencia de aquellas empresas que estén interesadas en participar en la licitación.

El contenido de un anuncio de licitación puede diferir también según la naturaleza y las características concretas del contrato. No obstante, hay un contenido general común que contiene los siguientes aspectos:

Anuncio de licitación

- Identificación del órgano de contratación.
- Descripción y objeto del contrato.
- Procedimiento de contratación.
- Criterios para adjudicar el contrato.
- Fecha límite y lugar de presentación de las ofertas.
- Documentación requerida.
- Información sobre dónde y cómo se van a publicar los pliegos de condiciones y el resto de documentación requerida con el contrato.
- Día y hora de apertura de las ofertas.

Los anuncios de licitación, salvo los procedimientos negociados sin publicidad, deben publicarse en el perfil del contratante. No obstante, si el contrato está celebrado por la Administración General del Estado o por las entidades públicas vinculadas a ella, el anuncio de licitación deberá publicarse, además, en el Boletín Oficial del Estado (BOE).

Aplicación práctica

La empresa Energía de Contratas, S. A. está valorando participar en el siguiente proceso de contratación pública publicado en el Boletín Oficial de la Junta de Andalucía del 15 de mayo de 2023:

Continúa en página siguiente >>

<< Viene de página anterior

BOJA Boletín Oficial de la Junta de Andalucía
Número 90 - Lunes, 15 de mayo de 2023
página 7958/1

5. Anuncios

5.1. Licitaciones públicas y adjudicaciones

OTRAS ENTIDADES PÚBLICAS

Anuncio de 20 de abril de 2023, de la Comunidad de Regantes Valdeojos-Hornillo, por el que se anuncia el concurso que se cita, concurso para la ejecución del proyecto de instalación fotovoltaica para autoconsumo. (PP. 1775/2023).

Concurso para la ejecución del proyecto de instalación fotovoltaica de 707 kWP para autoconsumo. Comunidad de Regantes Valdeojos-Hornillo, t.m. Lebrija (Sevilla).

Este proyecto con ref. AM-41-2022-001 está subvencionado por la Junta de Andalucía a través de la Consejería de Agricultura, Ganadería, Pesca y Desarrollo Rural, y cofinanciado por los Fondos Europeos Agrícolas de Desarrollo Rural (FEADER).

1. Órgano de contratación: Comunidad de Regantes Valdeojos-Hornillo.
2. Objeto del contrato.
   a) Descripción del objeto: Proyecto de instalación fotovoltaica de 707 KWP para autoconsumo. Comunidad de Regantes Valdeojos-Hornillo. T.m. Lebrija (Sevilla).
   b) Lugar de ejecución: Lebrija (Sevilla).
   c) Plazo de ejecución: Nueve (9) meses o el que resulte de la oferta presentada no pudiendo en ningún caso ser superior.
3. Tramitación, procedimiento y forma de adjudicación.
   Tramitación: Ordinaria.
   Procedimiento: Abierto.
   Forma: Concurso.
4. Presupuesto de licitación:
   Importe sin IVA: 987.191,79 €.
   IVA: 207.310,49 €
   Importe total (con IVA): 1.194.501,70 €.
5. Garantía definitiva: 5% del importe de adjudicación (IVA excluido).
6. Obtención de documentación e información:
   a) Entidad: Comunidad de Regantes Valdeojos-Hornillo.
   b) Domicilio: Calle Curro Malena, núm. 21, C.P. 41740, Lebrija, carretera A-373 km 2,100 Coop. Campo Villamartín, C.P. 11650, Villamartín, Cádiz.
   c) Teléfono: 667 659 511.
   d) Correo electrónico: nprieto@fincahornillos.com
   e) Web de descarga del proyecto, pliego y otros documentos: https://drive.google.com/drive/folders/1AAJ5wFtXLgyb2P9m0N0uW-bUcu5u9E1o
7. Requisitos específicos del contratista: Los que figuran en el Pliego de Cláusulas Administrativas Particulares (PCAP).
8. Visita de la obra y aclaraciones al proyecto:
   a) Lugar: La visita será en la sede de la Comunidad de Regantes.
   b) Fecha: El décimo (10) día natural a contar desde el día mismo día de publicación en el BOJA. Si fuera sábado o inhábil, se prorrogará hasta el primer día hábil siguiente.
   c) Hora: 11:00.
9. Presentación de las ofertas:
   a) Plazo: Un (1) mes a contar desde el mismo día de publicación en el BOJA, y finalizará a las 14:00 horas del último día. Si dicho día fuese inhábil, el plazo de presentación se prorrogará hasta el primer día hábil siguiente a las 14:00 horas.
   b) Lugar, forma y documentación a presentar: Las proposiciones, junto con la documentación preceptiva, se presentarán en una oficina de correos debiendo

00283003

Depósito Legal: SE-410/1979. ISSN: 2253-802X

https://www.juntadeandalucia.es/eboja

Continúa en página siguiente >>

<< Viene de página anterior

BOJA Boletín Oficial de la Junta de Andalucía
Número 90 - Lunes, 15 de mayo de 2023
página 7958/2

acreditar la fecha y hora de su presentación. Estarán dirigidas a la sede de la Comunidad de Regantes establecida en calle Curro Malena, núm. 21, C.P. 41740, Lebrija (Sevilla).

c) Plazo durante el cual el licitador estará obligado a mantener su oferta: 9 meses.

d) Admisión de variantes: No.

10. Apertura de sobres.

a) Lugar: Sede de la Comunidad de Regantes.

b) Fecha apertura Sobre núm. 2: A los diez (10) días naturales a contar a partir del siguiente al de finalización del plazo para la presentación de proposiciones, a las 11:00 horas. Si ese día fuese inhábil, la apertura se prorrogará hasta el primer día hábil siguiente a las 11:00 horas.

c) Fecha apertura Sobre núm. 3: A los veintidós (22) días naturales a contar a partir del siguiente al de la fecha límite de presentación de proposiciones, a las 11:00 horas. Si ese día fuese inhábil, la apertura se prorrogará hasta el primer día hábil siguiente a las 11:00 horas.

Lebrija, 20 de abril de 2023.- El Presidente, Antonio Manuel Martín Antúnez.

00283003

Depósito Legal: SE-410/1979. ISSN: 2253-802X

https://www.juntadeandalucia.es/eboja

Continúa en página siguiente >>

<< Viene de página anterior

Analizando el anuncio del concurso de contratación, busque la siguiente información general del proceso:

- **Identificación del órgano de contratación**
- **Descripción y objeto del contrato**
- **Procedimiento de contratación**
- **Criterios para adjudicar el contrato**
- **Fecha límite y lugar de presentación de las ofertas**
- **Documentación requerida**
- **Día y hora de apertura de las ofertas**

SOLUCIÓN

Toda la información solicitada se puede localizar en el anuncio publicado en el Boletín Oficial de la Junta de Andalucía. Concretamente en los siguientes puntos:

- Identificación del órgano de contratación: Punto 1 – Comunidad de Regantes Valdeojos-Hornillo.
- Descripción y objeto del contrato: Punto 2 – Proyecto de instalación fotovoltaica de 707 KWP para auto consumo. Comunidad de Regantes Valdeojos-Hornillo. T.m. Lebrija (Sevilla).
- Procedimiento de contratación: Punto 3 – El procedimiento sigue una tramitación ordinaria, el procedimiento de adjudicación será abierto y la forma de adjudicación será de concurso.
- Criterios para adjudicar el contrato: no se mencionan los criterios para la adjudicación.
- Fecha límite y lugar de presentación de las ofertas: Punto 9:

  - Plazo: Un (1) mes a contar desde el mismo día de publicación en el BOJA, y finalizará a las 14:00 horas del último día. Si dicho día fuese inhábil, el plazo de presentación se prorrogará hasta el primer día hábil siguiente a las 14:00 horas.
  - Lugar, forma y documentación a presentar: Las proposiciones, junto con la documentación preceptiva, se presentarán en una oficina de correos debiendo acreditar la fecha y hora de su presentación. Estarán dirigidas a la sede de la Comunidad de Regantes establecida en calle Curro Malena, núm. 21, C.P. 41740, Lebrija (Sevilla).

- Documentación requerida: En el anuncio no consta información sobre si se requiere algún tipo de documentación. No obstante, el anuncio indica un enlace en el que se puede encontrar toda la información relativa al proyecto.

Continúa en página siguiente >>

<< Viene de página anterior

- Día y hora de apertura de las ofertas: Punto 10:
  - Lugar: Sede de la Comunidad de Regantes.
  - Fecha apertura Sobre núm. 2: A los diez (10) días naturales a contar a partir del siguiente al de finalización del plazo para la presentación de proposiciones, a las 11:00 horas. Si ese día fuese inhábil, la apertura se prorrogará hasta el primer día hábil siguiente a las 11:00 horas.
  - Fecha apertura Sobre núm. 3: A los veintidós (22) días naturales a contar a partir del siguiente al de la fecha límite de presentación de proposiciones, a las 11:00 horas. Si ese día fuese inhábil, la apertura se prorrogará hasta el primer día hábil siguiente a las 11:00 horas.

---

5. Pliego de prescripciones técnicas. Pliego de cláusulas administrativas. Certificado de existencia de crédito. Fiscalización del gasto

Dentro del ámbito de la contratación pública, hay dos documentos fundamentales que deben formar parte de todo expediente de contratación: el pliego de prescripciones técnicas y el pliego de cláusulas administrativas.

5.1. Pliegos de prescripciones técnicas

Los pliegos de prescripciones técnicas son documentos que forman parte de los procesos de contratación pública y están formados por los distintos requisitos que deben cumplir los bienes o servicios que se van a adquirir a través del contrato en cuestión.

En otras palabras, se incluyen los aspectos técnicos del contrato, es decir, qué es lo que quiere de los licitadores el órgano de contratación y qué requisitos hay que cumplir para poder considerar que los licitadores están en condiciones de entregar el bien o de ejecutar el servicio. Son aspectos técnicos, por ejemplo, los siguientes:

- Bien, producto o servicio objeto del contrato.
- Cómo se va a suministrar el bien, producto o servicio.
- Plazos para el suministro.

La finalidad principal de este tipo de pliegos es el establecimiento de forma clara, concisa y precisa de las características que deben cumplir los productos, obras o servicios que se van a contratar. Además, este documento sirve como garantía para asegurar que los bienes y/o servicios contratados cumplen correctamente con las características de calidad, funcionalidad y rendimiento preestablecidas.

Por otra parte, también sirve como garantía a los proveedores, ya que se garantiza la transparencia y la igualdad de oportunidades a los futuros oferentes.

Hay dos tipos de pliegos de prescripciones técnicas:

- **Pliego de prescripciones técnicas generales (PPTG):** según el artículo 123 de la LCSP, se trata del documento al que se tienen que ajustar las Administraciones públicas que forman parte del sector público estatal. Lo aprueba el Consejo de Ministros, a propuesta del ministro correspondiente, previo informe de la Junta Consultiva de Contratación Pública del Estado.
- **Pliego de prescripciones técnicas particulares (PPTP):** documento en el que se reflejan los aspectos técnicos del bien/producto/servicio a cumplir en la prestación que licita el órgano de contratación. Este órgano aprobará los pliegos de prescripciones técnicas particulares con anterioridad a la autorización del gasto, o juntamente con ella, y siempre en un momento anterior a la licitación del contrato o, en caso de no existir licitación, anterior a su adjudicación.

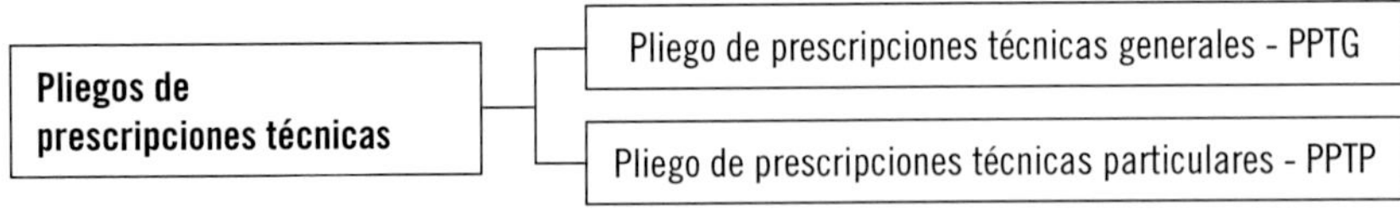

9. Busque un ejemplo de pliego de prescripciones técnicas generales y de prescripciones técnicas particulares, y analice sus similitudes y diferencias.

5.2. Pliegos de cláusulas administrativas

Los pliegos de cláusulas administrativas son los documentos que reflejan todos los aspectos del contrato que se considera que deben conocer los interesados de cara a la licitación del contrato.

Algunos aspectos a incluir pueden ser los siguientes:

- Requisitos que se deben cumplir de solvencia económica y técnica.
- Criterios que se van a seguir para la adjudicación del contrato.
- Criterios que van a ser preferentes en caso de existir algún empate.

Estos pliegos incluirán toda la información fundamental para dar a conocer las reglas particulares de la licitación en cuestión, además de todos los aspectos de especial relevancia sobre la ejecución del contrato.

Los pliegos de cláusulas administrativas contendrán toda la información necesaria para que los licitadores puedan preparar y presentar su oferta en igualdad de condiciones, además de sus derechos y obligaciones en el momento de la ejecución del contrato.

En términos generales, el pliego de cláusulas administrativas contendrá el contrato final que se firmará entre el órgano de contratación y los licitadores adjudicados. Hay que distinguir entre pliegos de dos tipos:

- **Pliego de cláusulas administrativas generales (PCAG):** según el artículo 121 de la LCSP, lo aprueba el Consejo de Ministros, a iniciativa de los ministerios interesados, a propuesta del Ministro de Hacienda y Función

Pública, y previo dictamen del Consejo de Estado. Se utiliza cuando los contratos se celebran por los órganos de contratación de la Administración General del Estado y las demás entidades que gocen de la condición de Administraciones públicas integrantes del sector público estatal.

- **Pliego de cláusulas administrativas particulares (PCAP):** lo aprueba el propio órgano de contratación antes o simultáneamente a la autorización del gasto. Debe incluirse en la información de los contratos que el órgano de contratación tiene que publicar en el perfil del contratante.

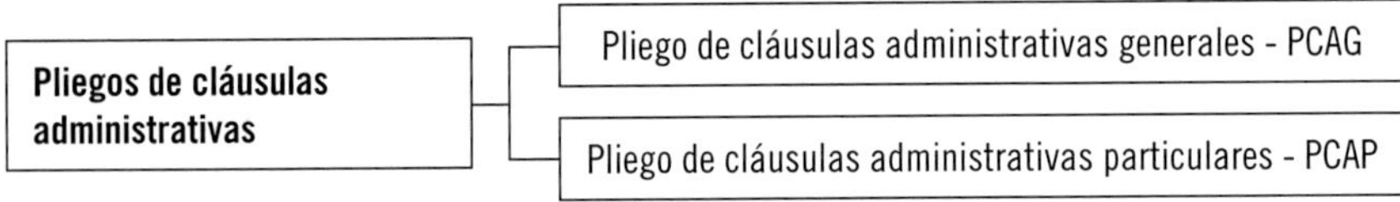

Actividades

10. Busque un ejemplo de pliego de cláusulas administrativas generales y de cláusulas administrativas particulares y analice sus similitudes y diferencias.

Aplicación práctica

Usted tiene una empresa de construcción de obras públicas y ha visto el siguiente anuncio de licitación en el BOE del 17/05/2023:

Continúa en página siguiente >>

<< Viene de página anterior

BOLETÍN OFICIAL DEL ESTADO

Núm. 117 Miércoles 17 de mayo de 2023 Sec. V-A. Pág. 22623

V. Anuncios

A. Contratación del Sector Público

MINISTERIO DE TRANSPORTES, MOVILIDAD Y AGENDA URBANA

14447 *Anuncio de licitación de: ADIF -Consejo de Administración. Objeto: Ejecución de las obras del proyecto de construcción de la nueva Estación de Lugo. Expediente: 3.23/06110.0070.*

1. Poder adjudicador:
   - 1.1) Nombre: ADIF -Consejo de Administración.
   - 1.2) Número de identificación fiscal: Q2801660H.
   - 1.3) Dirección: Sor Ángela de la Cruz, 3.
   - 1.4) Localidad: Madrid.
   - 1.5) Provincia: Madrid.
   - 1.6) Código postal: 28020.
   - 1.7) País: España.
   - 1.8) Código NUTS: ES300.
   - 1.11) Correo electrónico: comprascontratacion@adif.es
   - 1.12) Dirección principal: https://www.adif.es/contratacion/informacion-general
   - 1.13) Dirección del perfil de comprador: https://contrataciondelestado.es/wps/poc?uri=deeplink:perfilContratante&idBp=k2FdkRnM5zEQK2TEfXGy%2BA%3D%3D

2. Acceso a los pliegos de contratación: Acceso libre, directo, completo y gratuito a los pliegos de la contratación, en https://contrataciondelestado.es/wps/poc?uri=deeplink:detalle_licitacion&idEvl=OZ2AhePy7mc4NavIWzMcHA%3D%3D

3. Tipo de poder adjudicador y principal actividad ejercida:
   - 3.1) Tipo: Entidad de Derecho Público.
   - 3.2) Actividad principal ejercida: Infraestructuras.

5. Códigos CPV: 45234110 (Obras en vías férreas interurbanas).

6. Lugar del emplazamiento principal de las obras: ES112.

7. Descripción de la licitación: Ejecución de las obras del proyecto de construcción de la nueva Estación de Lugo.

8. Valor estimado: 21.562.351,00 euros.

9. Información sobre las variantes: No se aceptarán variantes.

10. Duración del contrato, acuerdo marco o sistema dinámico de adquisición: 16 meses.

11. Condiciones de participación:
    - 11.3) Situación personal: C2-6-Estructuras de fábrica u hormigón.(superior a cinco millones de euros).

12. Tipo de procedimiento: Abierto.

17. Condiciones de ejecución del contrato:
    - 17.1) Sometimiento del contratista a la normativa de protección de datos (sometimiento del contratista a la normativa de protección de datos).
    - 17.2) Consideraciones tipo social (consideraciones tipo social).

cve: BOE-B-2023-14447
Verificable en https://www.boe.es

Continúa en página siguiente >>

<< Viene de página anterior

BOLETÍN OFICIAL DEL ESTADO

Núm. 117 Miércoles 17 de mayo de 2023 Sec. V-A. Pág. 22624

18. Criterios de adjudicación:

18.1) Precio (Ponderación: 51%).
18.2) Varios criterios descritos en el Pliego Administrativo (Ponderación: 49%).

19. Plazo para la recepción de ofertas o solicitudes de participación: Hasta las 13:00 horas del 29 de junio de 2023.

20. Lugar de envío de las ofertas o de las solicitudes de participación:

20.1) Dirección: Sociedad ADIF. PRESENTACIÓN ELECTRÓNICA SEGÚN PCAP. 28036 MADRID, España.
20.2) URL: https://elicitadores.adif.es/

21. Apertura de ofertas:

21.2) Fecha, hora y lugar de apertura de las plicas:

21.2.1) Apertura sobre oferta económica: 27 de julio de 2023 a las 10:00. Sala de apertura de Plicas. ACTO PRIVADO - 28036 MADRID, España.
21.2.2) Apertura sobre oferta técnica: 4 de julio de 2023 a las 10:00. Sala de apertura de Plicas. ACTO PRIVADO - 28036 MADRID, España.

23. Información sobre flujos de trabajo electrónicos:

23.1) Se aceptará la presentación electrónica de ofertas o de solicitudes de participación.

26. Publicación anterior referente al presente procedimiento: ID: 2023-713274. Envío de Anuncio de Licitación al DOUE (5 de mayo de 2023).

28. Fecha de envío del anuncio: 9 de mayo de 2023.

Madrid, 9 de mayo de 2023.- La Presidenta, Maria Luisa Domínguez González.

ID: A230017907-1

cve: BOE-B-2023-14447
Verificable en https://www.boe.es

https://www.boe.es BOLETÍN OFICIAL DEL ESTADO D.L.: M-1/1958 - ISSN: 0212-033X

Continúa en página siguiente >>

<< Viene de página anterior

Analice el anuncio para determinar la fecha límite para presentar las ofertas y el lugar, fecha y hora en el que se abrirán los distintos sobres que contienen las plicas.

SOLUCIÓN

Analizando el anuncio de licitación, se puede ver que el punto 19 determina cuándo finaliza el plazo para la presentación de las ofertas: 29 de junio de 2023.

Respecto al lugar, fecha y hora en el que se abrirán los sobres, se encuentra reflejado en el punto 21. En este caso, se abren dos tipos de sobres (plicas):

- Plicas sobre oferta económica: la apertura se realiza el 27 de julio de 2023 a las 10:00 horas en la Sala de apertura de Plicas (28036 MADRID. España).
- Plicas sobre oferta técnica: la apertura se realiza el 4 de julio de 2023 a las 10:00 horas en la Sala de apertura de Plicas (28036 MADRID. España).

En ambos casos, la apertura de los sobres se llevará a cabo en un acto privado.

5.3. Certificado de existencia de crédito

El certificado de existencia de crédito es un documento administrativo que acredita la disponibilidad presupuestaria para hacer frente a los compromisos económicos derivados de un contrato público.

Este certificado es emitido por la entidad contratante y tiene como objetivo garantizar que se cuenta con los recursos financieros necesarios para cumplir con las obligaciones económicas establecidas en el contrato.

El certificado de existencia de crédito debe incluir información relevante, como la siguiente:

- Datos identificativos del contrato en cuestión.
- Importe del crédito disponible.
- Periodo de validez del certificado.

Este certificado debe ser emitido e incluido en el expediente de contratación antes de formalizarse el contrato, ya que se requiere que haya suficiente crédito disponible para que puedan comprometerse los fondos públicos determinados en dicho contrato.

Es importante destacar que el certificado de existencia de crédito es importante tanto para la entidad contratante como para el contratista, ya que es un modo de garantizar la viabilidad económica del contrato y evita posibles problemas financieros durante la ejecución del mismo.

Un modelo de certificado de existencia de crédito podría ser así:

CERTIFICADO DE EXISTENCIA DE CRÉDITO

Clave expediente: [Número de expediente de contratación]

Yo, [Nombre completo del responsable del certificado], en calidad de [Cargo o función del responsable] de [Nombre de la entidad contratante], CERTIFICO:

Que, según los registros y documentos de esta entidad, se ha verificado la existencia de crédito suficiente y disponible para hacer frente a los compromisos económicos derivados del contrato [Número de referencia del contrato] titulado [Descripción del contrato] celebrado entre [Nombre de la entidad contratante] y [Nombre del contratista o empresa adjudicataria] de conformidad con lo establecido en el artículo 116.3 de la Ley 9/2017, de 8 de noviembre, de Contratos del Sector Público.

Los detalles específicos del certificado son los siguientes:

1. Importe del crédito disponible: [Monto del crédito disponible en la moneda correspondiente].
2. Periodo de validez del certificado: [Fecha de inicio] al [Fecha de finalización].
3. Datos identificativos del contrato:
   - Número de referencia del contrato: [Número de referencia].
   - Descripción del contrato: [Breve descripción del objeto del contrato].
   - Fecha de formalización del contrato: [Fecha de formalización del contrato].

El presente certificado se expide a petición de [Nombre del solicitante del certificado] para los fines que estime convenientes.

En [Lugar], a [Fecha].

[Nombre completo del responsable del certificado]
[Cargo o función del responsable]

[Nombre de la entidad contratante]

Actividades

11. A partir del ejemplo de certificado de existencia de crédito aportando en el apartado, cree un ejemplo similar con información ficticia.
12. ¿Es posible que el certificado de existencia de crédito indique que no se dispone de suficiente disponibilidad presupuestaria para hacer frente a los compromisos económicos de un contrato público? ¿Cuáles serían las posibles consecuencias de ello?

Aplicación práctica

Usted, Rubén Martínez Pérez, es secretario del Ayuntamiento de Granada y, a solicitud del contratista (Agencia de Limpiezas, S. A.), debe confeccionar un certificado de existencia de crédito para acreditar que el ayuntamiento tiene disponibilidad presupuestaria suficiente para poder acometer con los gastos de un contrato público de limpieza de edificios.

La información que se dispone es la siguiente:

- **Crédito disponible: 150.000 €.**
- **El contrato durará del 01/06/2023 al 31/12/2023.**
- **Número de referencia del contrato: AYGR03-2023.**
- **Nombre del contrato: Limpieza y manutención de la fachada del edificio Triunfo.**
- **Fecha de formalización del contrato: 01/05/2023.**

Confeccione el certificado de existencia de crédito.

SOLUCIÓN

Continúa en página siguiente >>

<< Viene de página anterior

CERTIFICADO DE EXISTENCIA DE CRÉDITO
Clave expediente: **AYGR03-2023**

Yo, Rubén Martínez Pérez, en calidad de secretario del Ayuntamiento de Granada, CERTIFICO:

Que, según los registros y documentos de esta entidad, se ha verificado la existencia de crédito suficiente y disponible para hacer frente a los compromisos económicos derivados del contrato **AYGR03-2023** titulado **Limpieza y manutención de la fachada del Edificio Triunfo** celebrado entre **el Ayuntamiento de Granada y Agencia de Limpiezas, S. A.** de conformidad con lo establecido en el artículo 116.3 de la Ley 9/2017, de 8 de noviembre, de Contratos del Sector Público.

Los detalles específicos del certificado son los siguientes:

1. Importe del crédito disponible: 150.000 €.
2. Período de validez del certificado: 01/06/2023 al 31/12/2023.
3. Datos identificativos del contrato:
   - Número de referencia del contrato: **AYGR03-2023.**
   - Descripción del contrato: limpieza y manutención de la fachada del edificio Triunfo.
   - Fecha de formalización del contrato: 01/05/2023.

El presente certificado se expide a petición de Agencia de limpiezas, S. A. para los fines que estime convenientes.

En Granada, a 30/04/2023.

Rubén Martínez Pérez
Secretario

Ayuntamiento de Granada

5.4. Fiscalización del gasto

La fiscalización del gasto en un procedimiento de contratación pública que se realiza a través de mecanismos y entidades encargadas de garantizar la transparencia y legalidad en el uso de los recursos públicos.

El objetivo básico de la fiscalización del gasto es verificar que este se ha llevado a cabo siguiendo la normativa en vigor y los principios de eficiencia, eficacia y economía.

Importante

Los órganos de control interno son responsables de la fiscalización del gasto y, si se detecta cualquier tipo de irregularidad, deben informarla debidamente. Si se detectasen indicios de responsabilidad penal, debería comunicarse al Ministerio Fiscal para que realice las acciones oportunas.

Los principales elementos involucrados en la fiscalización del gasto público son los siguientes:

- **Órganos de fiscalización**: la fiscalización del gasto en contratación pública se lleva a cabo, principalmente, por dos órganos: la Intervención General de la Administración del Estado (IGAE) y los órganos de control externo, como los Tribunales de Cuentas autonómicos y el Tribunal de Cuentas del Estado.
- **Fiscalización previa:** antes de formalizar un contrato público, la entidad contratante debe remitir la documentación correspondiente a la IGAE o al órgano de control externo para su fiscalización previa. Estos órganos deben verificar que el procedimiento de contratación se ha llevado a cabo siguiendo la normativa aplicable y que el gasto es adecuado y justificado.
- **Informe de fiscalización:** una vez que se ha finalizado la fiscalización previa del gasto, hay que emitir un informe que incluya las observacio-

nes, recomendaciones y posibles irregularidades detectadas durante el proceso. Este informe se remite a la entidad contratante y puede requerir la subsanación de deficiencias o la adopción de medidas correctivas. El informe será vinculante y preceptivo para la entidad contratante.

- **Control financiero posterior:** además de la fiscalización previa, la LCSP establece la necesidad de llevar a cabo un control financiero posterior sobre los contratos ya formalizados.
- **Sanciones y responsabilidades:** si durante la fiscalización se detectan irregularidades, el órgano de control puede iniciar acciones legales, imponer sanciones o exigir responsabilidades a los funcionarios o entidades involucradas. Estas pueden incluir multas, inhabilitaciones para contratar con la Administración e, incluso, acciones penales, en casos de corrupción.

Actividades

13. Busque la página web de la Intervención General de la Administración del Estado y busque información adicional sobre las funciones de este organismo y la información que facilita.

Fiscalización del gasto por el Tribunal de Cuentas

El Tribunal de Cuentas es el supremo órgano fiscalizador de las cuentas públicas y tiene como objetivo comprobar si la actividad económico-financiera del sector público respeta los siguientes principios: legalidad, eficacia, eficiencia, economía, transparencia, sostenibilidad ambiental e igualdad de género.

En relación con los contratos públicos, deberán remitirse al Tribunal de Cuentas u órgano externo de fiscalización de la comunidad autónoma una copia certificada del documento en el que se hubiere formalizado aquel, acompañada de un extracto del expediente del que se derive, siempre que el precio de adjudicación del contrato o en el caso de acuerdos marco, el valor estimado, exceda de:

- 600.000 euros, en el caso de contratos de obras, de concesiones de obras, concesiones de servicios y acuerdos marco.
- 450.000 euros, en el caso de contratos de suministros.
- 150.000 euros, en el caso de contratos de servicios y de contratos administrativos especiales.

Además, deberá remitirse también una relación del resto de contratos que se celebren, salvo aquellos que tengan un importe inferior a 5.000 euros y se satisfagan a través del sistema de anticipo de caja fija u otro sistema para realizar pagos menores. En esta relación deberá consignarse la identidad del adjudicatario, el objeto del contrato y su cuantía.

Actividades

14. ¿Por qué no es necesario remitir los contratos con importes inferiores a 5.000 euros al Tribunal de Cuentas o al órgano externo de fiscalización de la comunidad autónoma? Analice la LCSP y fundamente la respuesta.

Asimismo, deberán comunicarse cualquier modificación, prórroga o variación de plazos, variaciones de precios y de importe final del contrato, la nulidad y la extinción de los contratos.

6. Modalidades de tramitación del expediente

En los expedientes de contratación, la LCSP establece distintas modalidades de tramitación:

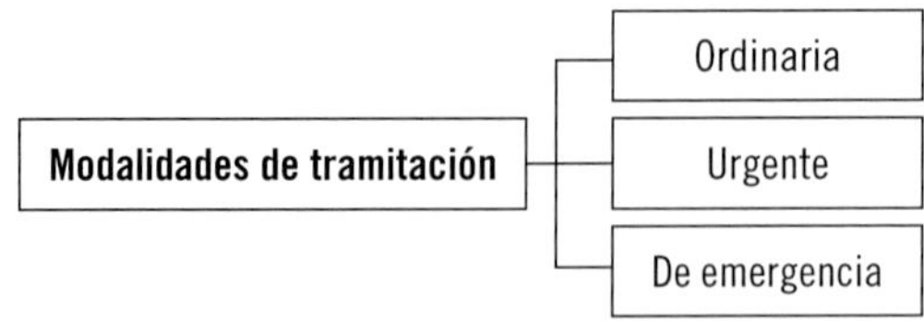

A continuación, se van a explicar peculiaridades de estas modalidades de tramitación de un expediente de contratación.

6.1. Ordinaria

La tramitación ordinaria de un expediente de contratación es la forma de tramitación más común y se aplica a la mayoría de contratos públicos. Se caracteriza, básicamente, por seguir un proceso completo de contratación que incluye todas sus fases:

- **Preparación del contrato:** se definen las necesidades del contrato, se determinan los requisitos técnicos, económicos y jurídicos, y se elabora la documentación necesaria, como el pliego de condiciones y los pliegos de cláusulas administrativas y técnicas.
- **Publicidad y licitación del contrato:** se publica el anuncio de licitación en el perfil del contratante, en el Boletín Oficial correspondiente y, cuando procede, en el Diario Oficial de la Unión Europea. Se establece un plazo para que los licitadores interesados puedan presentar sus ofertas y, además, se pueden establecer reuniones informativas, visitas al lugar de ejecución del contrato y cualquier tipo de aclaración sobre los pliegos para garantizar que los licitadores tengan toda la información necesaria para la presentación de su oferta.
- **Evaluación y adjudicación del contrato:** se evalúan las ofertas presentadas por los licitadores, a tenor de los criterios de adjudicación establecidos en los pliegos. Se verifica el cumplimiento de los requisitos y se realiza una valoración técnica y económica. Una vez evaluadas las ofertas, se adjudica del contrato al licitador que haya presentado la oferta más ventajosa.
- **Formalización del contrato:** una vez realizada la adjudicación, se procede a la formalización del contrato. Se elabora el documento contractual, en el que se establecen las condiciones acordadas, los derechos y obligaciones de las partes, así como las garantías y penalidades, en su caso. El contrato se firma entre la entidad contratante y el contratista seleccionado.

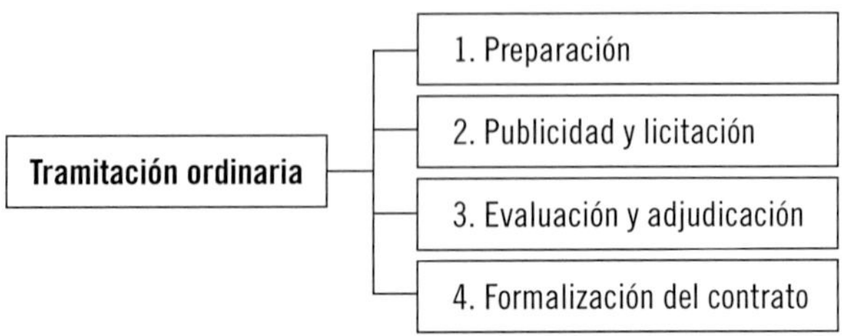

6.2. Urgente

Según el artículo 119 de la LCSP: *Podrán ser objeto de tramitación urgente los expedientes correspondientes a los contratos cuya celebración responda a una necesidad inaplazable o cuya adjudicación sea preciso acelerar por razones de interés público. A tales efectos el expediente deberá contener la declaración de urgencia hecha por el órgano de contratación, debidamente motivada.*

Los expedientes urgentes se tramitan siguiendo el mismo procedimiento que los expedientes ordinarios. No obstante, tiene una serie de peculiaridades:

- Tienen preferencia para su despacho. Los órganos que intervienen en su tramitación tienen un plazo de cinco días para emitir o cumplimentar los informes que correspondan. Si, por la complejidad del expediente o por alguna otra causa debidamente justificada, no se puede cumplir con el plazo de cinco días, los órganos que evacuen el informe lo deben comunicar al órgano de contratación que ha establecido la urgencia del expediente y el plazo quedará prorrogado hasta un máximo de diez días.
- Una vez acordada la apertura del procedimiento de adjudicación, los plazos para la licitación, adjudicación y formalización del contrato quedan reducidos a la mitad.
- El plazo para iniciar la ejecución del contrato no puede ser superior a un mes, a contar desde su formalización.

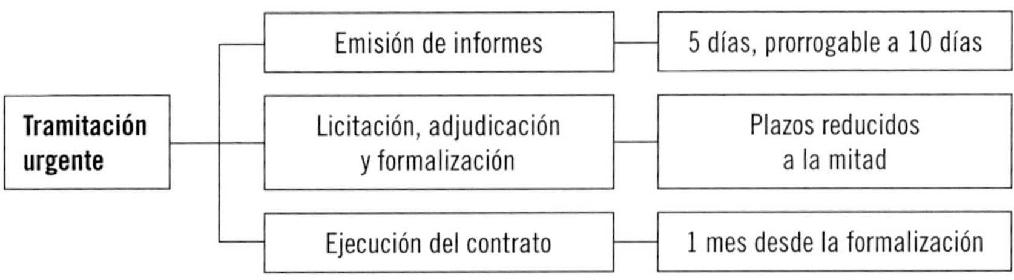

6.3. De emergencia

Según el artículo 120 de la LSCP, la tramitación de emergencia de un expediente de contratación puede llevarse a cabo: *cuando la Administración tenga que actuar de manera inmediata a causa de acontecimientos catastróficos, de situaciones que supongan grave peligro o de necesidades que afecten a la defensa nacional.*

Es una tramitación excepcional que se regirá por lo siguiente:

- El órgano de contratación puede ordenar la ejecución de lo que considere necesario para solucionar el acontecimiento sucedido o para satisfacer la necesidad sobrevenida, sin que sea obligatorio seguir los requisitos formales establecidos en la LCSP. Si no hay crédito adecuado y suficiente, una vez que se ha adoptado el acuerdo de tramitación de emergencia, debe dotarse el crédito presupuestario necesario.
- Si el contrato lo ha celebrado la Administración General del Estado o cualquier entidad pública estatal, hay que dar cuenta al Consejo de Ministros en menos de treinta días.
- La ejecución de las prestaciones debe iniciarse en menos de mes, a contar desde el acuerdo de tramitación de emergencia. Si se excede dicho mes, la contratación de las prestaciones deberá seguir un procedimiento ordinario.
- Una vez ejecutadas las actuaciones, deberá observarse lo dispuesto en la LCSP sobre el cumplimiento de los contratos, la recepción de la prestación y su liquidación.

Actividades

15. ¿Qué diferencia hay entre la tramitación urgente y la tramitación de emergencia? ¿En qué casos se lleva a cabo una tramitación u otra?

7. Adjudicación

La adjudicación de un contrato administrativo es la fase en la que el órgano de contratación evalúa las propuestas de los distintos candidatos a licitador/contratista y determina cuál es el candidato con el que finalmente se va a formalizar el contrato objeto del procedimiento.

Se trata de la fase en la que se elige la oferta más ventajosa para la entidad contratante, teniendo en cuenta los criterios y los requisitos establecidos en los pliegos de contratación.

7.1. Concepto, formas y normas de aplicación en el proceso de adjudicación

El procedimiento de adjudicación puede variar atendiendo al tipo de procedimiento que se trate. La LCSP los clasifica del siguiente modo:

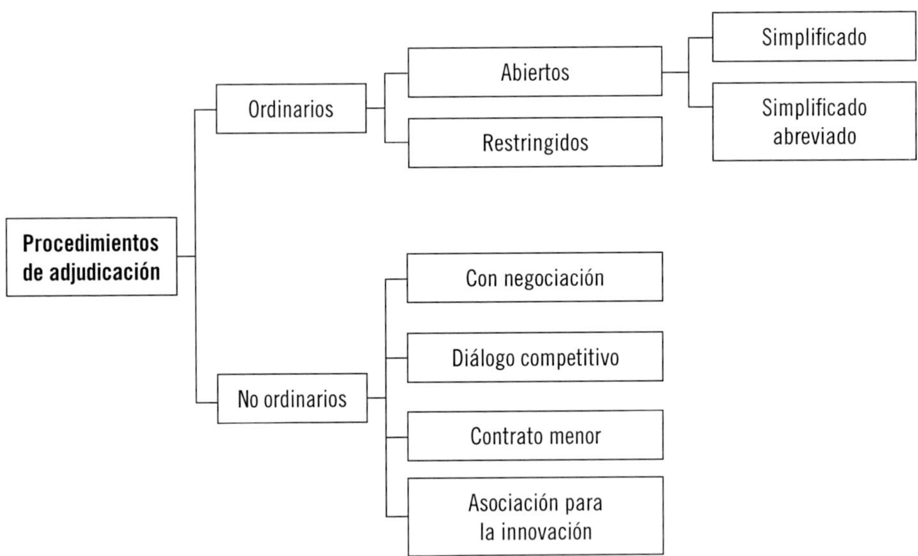

A continuación, se describirán las peculiaridades de los procedimientos de contratación más habituales.

Procedimiento abierto

En los procedimientos abiertos, pueden presentar una proposición todos los empresarios que estén interesados, pero no se puede negociar ningún aspecto que no esté incluido en los términos del contrato.

En los contratos sujetos a regulación armonizada, el plazo para presentar proposiciones no puede ser inferior a:

- Treinta y cinco días en los contratos de obras, suministros y servicios.
- Treinta días en los contratos de concesiones de obras y servicios.

El plazo general puede reducirse en los contratos de obras, servicios y suministros en los casos estipulados en el artículo 156 de la LCSP:

> *a. Si el órgano de contratación hubiese enviado un anuncio de información previa, el plazo general de presentación de proposiciones podrá reducirse a* ***quince días.*** *Esta reducción del plazo solo será admisible cuando el anuncio voluntario de información previa se hubiese enviado para su publicación con una antelación máxima de doce meses y mínima de treinta y cinco días antes de la fecha de envío del anuncio de licitación, siempre que en él se hubiese incluido, de estar disponible, toda la información exigida para este.*
>
> *b. Cuando el plazo general de presentación de proposiciones sea impracticable por tratarse de una situación de urgencia, en los términos descritos en el artículo 119, el órgano de contratación podrá fijar otro plazo que no será inferior a* ***quince días*** *contados desde la fecha del envío del anuncio de licitación.*
>
> *c. Si el órgano de contratación aceptara la presentación de ofertas por medios electrónicos, podrá reducirse el plazo general de presentación de proposiciones en* ***cinco días.***

En los contratos no sujetos a regulación armonizada, el plazo para presentar proposiciones no puede ser inferior a quince días desde el día siguiente al de la publicación del anuncio de licitación del contrato en el perfil del contratante. En contratos de obras y de concesión de obras y concesión de servicios, este plazo será de, al menos, veintiséis días.

Evaluación de las proposiciones y propuesta de adjudicación

Una vez finalizado el plazo de presentación de proposiciones, la mesa de contratación realizará la evaluación de las mismas y formulará la propuesta de adjudicación al órgano de contratación, atendiendo a los criterios que se deban aplicar para seleccionar al adjudicatario.

En todo caso, deberá realizarse la apertura de las proposiciones en un plazo no superior a veinte días desde la fecha de fin de presentación de solicitudes y se realizará en acto público, salvo en los casos en los que se prevea que pueden utilizarse medios electrónicos en la licitación.

Adjudicación

El plazo para seleccionar al adjudicatario será de, como máximo, quince días desde el día siguiente al de apertura de proposiciones, solo cuando el único criterio que debe seleccionar el adjudicatario sea el del precio.

Si se debiesen tener en cuenta varios criterios o debiendo tener en cuenta el único criterio del menor coste de vida, el plazo máximo para adjudicar será de dos meses desde la apertura de las proposiciones, excepto en aquellos casos en los que se hubiese establecido un plazo distinto en el pliego de cláusulas administrativas particulares.

Si la mesa de contratación u órgano de contratación identifica una o varias ofertas que sean presuntamente anormales, el plazo se ampliará en quince días hábiles, a fin de que se pueda pedir información adicional y justificación para determinar si se está siguiendo la legalidad.

Sabía que...

Si no se produce la adjudicación en el plazo señalado, los licitadores pueden retirar su proposición y solicitar que se les devuelva la garantía provisional, si esta se les ha sido exigida previamente.

Procedimiento abierto simplificado

El procedimiento abierto simplificado está regulado en el artículo 159 de la LCSP para añadir agilidad en la tramitación. En este tipo de procedimientos, la publicación de la licitación solo se realiza en el perfil del contratante, debiendo estar publicada electrónicamente toda la documentación necesaria para que los candidatos puedan informarse debidamente presentar su oferta también por medios electrónicos.

Además, la fiscalización del compromiso del gasto se realiza en un solo acto (justo antes de adjudicar), simplificando también esta fase.

Este procedimiento puede aplicarse en contratos de obras, servicios y suministros que cumplan los requisitos del artículo 159 de la LCSP:

> a. *Que su valor estimado sea igual o inferior a 2.000.000 de euros en el caso de contratos de obras, y en el caso de contratos de suministro y de servicios, que su valor estimado sea inferior a las 140.000, respectivamente, o a sus correspondientes actualizaciones.*
>
> b. *Que entre los criterios de adjudicación previstos en el pliego no haya ninguno evaluable mediante juicio de valor o, de haberlos, su ponderación no supere el veinticinco por ciento del total, salvo en el caso de que el contrato tenga por objeto prestaciones de carácter intelectual, como los servicios de ingeniería y arquitectura, en que su ponderación no podrá superar el cuarenta y cinco por ciento del total.*

El plazo para presentar proposiciones no puede ser inferior a quince días desde el día siguiente al de la publicación del anuncio de licitación en el perfil del contratante, salvo en los contratos de obras cuyo plazo será, como mínimo, de veinte días.

En este tipo de procedimientos no se exige ningún tipo de garantía provisional a los licitadores, aunque sí deberán estar inscritos en el Registro Oficial de Licitadores y Empresas Clasificadas del (ROLECE).

La oferta de los candidatos debe presentarse en un único sobre o archivo electrónico o en dos, si hay determinados criterios de adjudicación cuya cuantificación dependa de un juicio de valor.

Importante

La cuantificación de criterios de adjudicación que dependa de un juicio de valor debe realizarse por los servicios técnicos del órgano de contratación en un plazo que no puede superar los siete días y siempre antes de la apertura del sobre o archivo electrónico que contenga la oferta a evaluar.

Una vez abierto el sobre o archivo electrónico, la mesa de contratación, en un solo acto público procederá a:

- Excluir las ofertas que no cumplan los requerimientos del pliego.
- Evaluar y clasificar las ofertas que no han sido excluidas.
- Comprobar en el Registro Oficial de Licitadores y Empresas Clasificadas que la empresa se ha constituido correctamente y cumple con los requisitos estipulados en la licitación.
- Requerir a la empresa propuesta para la licitación a través de comunicación electrónica que constituya la garantía definitiva y aporte toda la documentación requerida en un plazo de siete días hábiles desde el envío de la comunicación.

Procedimiento abierto simplificado abreviado

El procedimiento abierto simplificado abreviado es aún más ágil que el procedimiento abierto simplificado normal y se puede aplicar en:

- Contratos de obras cuyo valor sea inferior a 80.000 €.
- Contratos de suministro y servicios cuyo valor sea inferior a 35.000 €.
- Contratos que no tengan por objeto prestaciones de carácter intelectual.

Las peculiaridades de este tipo de procedimiento se describen en el artículo 159.6 de la LCSP:

a. El plazo para la presentación de proposiciones no podrá ser inferior a diez días hábiles, a contar desde el siguiente a la publicación del anuncio de licitación en el perfil de contratante. No obstante lo anterior, cuando se trate de compras corrientes de bienes disponibles en el mercado el plazo será de 5 días hábiles.

b. Se eximirá a los licitadores de la acreditación de la solvencia económica y financiera y técnica o profesional.

c. La oferta se entregará en un único sobre o archivo electrónico y se evaluará, en todo caso, con arreglo a criterios de adjudicación cuantificables mediante la mera aplicación de fórmulas establecidas en los pliegos.

d. La valoración de las ofertas se podrá efectuar automáticamente mediante dispositivos informáticos, o con la colaboración de una unidad técnica que auxilie al órgano de contratación.

Se garantizará, mediante un dispositivo electrónico, que la apertura de las proposiciones no se realiza hasta que haya finalizado el plazo para su presentación, por lo que no se celebrará acto público de apertura de las mismas.

e. Las ofertas presentadas y la documentación relativa a la valoración de las mismas serán accesibles de forma abierta por medios informáticos sin restricción alguna desde el momento en que se notifique la adjudicación del contrato.

f. No se requerirá la constitución de garantía definitiva.

g. La formalización del contrato podrá efectuarse mediante la firma de aceptación por el contratista de la resolución de adjudicación.

Procedimiento restringido

Los procedimientos de adjudicación restringida se caracterizan porque las empresas pueden presentar sus ofertas siempre y cuando la Administración pública correspondiente las haya seleccionado previamente en función a su solvencia.

Es decir, todas las empresas pueden solicitar participar en el proceso, pero solo pueden presentar una oferta aquellas empresas que hayan sido seleccionadas. Eso sí, deben preseleccionarse un mínimo de cinco empresas para garantizar que se adjudique el contrato.

Nota

El procedimiento restringido está especialmente recomendado en aquellos casos en los que la prestación sea un servicio intelectual de especial complejidad. Ejemplos de ello serían los servicios de consultoría, de arquitectura o de ingeniería.

El plazo para solicitar la participación varía según el tipo de contrato:

- Contratos que no están sometidos a regulación armonizada: quince días.
- Contratos sometidos a regulación armonizada: treinta días.
- Casos en los que se da un supuesto de urgencia: mínimo quince días.

La selección del candidato adjudicatario se lleva a cabo en dos fases:

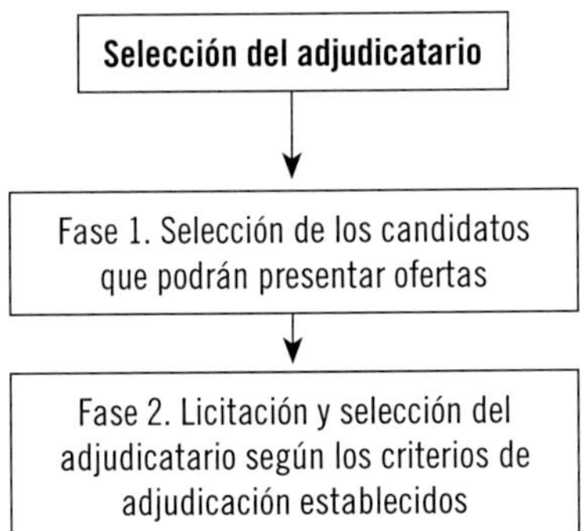

El órgano de contratación, una vez que se ha comprobado la personalidad y la solvencia de los distintos solicitantes a participar en el proceso, los invita, por escrito y de forma simultánea, a presentar sus ofertas. En la invitación deberán constar todos los elementos esenciales del procedimiento de adjudicación en cuestión:

- Fecha límite para recibir ofertas.
- Dirección a la que se deben remitir las ofertas.

- Lengua o lenguas en las que deben estar redactadas.
- Documentos que deben adjuntarse a la oferta.
- Criterios de adjudicación que se considerarán para adjudicar el contrato y su ponderación relativa o, en caso que proceda, el orden decreciente importancia que se atribuya a los criterios.
- Lugar, día y hora de apertura de las proposiciones.

El plazo para presentar las solicitudes no podrá ser inferior a treinta días a partir de la fecha de envío de la invitación. No obstante, el artículo 164 de la LCSP contempla que el plazo se pueda reducir en estos casos:

> *a. Si se hubiese enviado el anuncio de información previa, el plazo general podrá reducirse a diez días. Esta reducción del plazo solo será admisible cuando el anuncio de información previa se hubiese enviado cumpliéndose los requisitos que establece la letra a) del apartado 3 del artículo 156.*
>
> *b. Cuando el plazo general de presentación de proposiciones sea impracticable por tratarse de una situación de urgencia, en los términos descritos en el artículo 119, el órgano de contratación podrá fijar otro plazo que no será inferior a diez días contados desde la fecha del envío de la invitación escrita.*
>
> *c. Si el órgano de contratación aceptara la presentación de ofertas por medios electrónicos, podrá reducirse el plazo general de presentación de proposiciones en cinco días.*
>
> *En las concesiones de obras y de servicios solo se podrá reducir el plazo general cuando se dé la circunstancia establecida en la letra c) anterior.*

En los procedimientos restringidos de contratos no sujetos a regulación armonizada, el plazo para presentar las proposiciones no podrá ser inferior a diez dias a partir del envío de la invitación.

La adjudicación del contrato se llevará a cabo en las mismas condiciones establecidas para el procedimiento abierto.

Procedimiento con negociación

En los procedimientos con negociación, el órgano de contratación negocia previamente las condiciones del contrato con uno o varios candidatos y, posteriormente, selecciona justificadamente al licitador con el que se va a formalizar el contrato. Las condiciones técnicas y económicas que se negocian con los candidatos se determinan en el pliego de cláusulas administrativas particulares.

En dicho pliego, además, se incluirán los siguientes aspectos:

- Descripción de las necesidades de los órganos de contratación.
- Características exigidas para los suministros.
- Obras o servicios que se van a contratar.
- Procedimiento que se va a seguir para la contratación.
- Requisitos mínimos que deben cumplir todas las ofertas.
- Criterios de adjudicación.

En los procedimientos con negociación, el órgano de contratación debe publicar un anuncio de licitación y, aunque cualquier empresa puede solicitar participar en el proceso, solo las empresas que el órgano de contratación seleccione (que, al igual que en los procedimientos restringidos, deben ser mínimo tres para garantizar la adjudicación), podrán optar a participar en firme en dicho procedimiento.

Una vez seleccionadas las empresas, se les invita a que planteen sus ofertas iniciales que van a ser negociadas personalmente. La invitación debe hacer referencia al anuncio de licitación y se indicará la fecha máxima para recibir ofertas.

A partir de la recepción de la invitación se inician varias fases de negociaciones y ofertas por parte de los candidatos seleccionadas. Eso sí, en todo el proceso de negociación y ofertas sucesivas debe garantizarse la igualdad de trato con todos los candidatos.

Cuando el órgano de contratación toma la decisión de poner fin a las negociaciones, debe informarlo a los candidatos, dando un plazo para que estos presenten sus propuestas definitivas, a partir de las cuales se realizará una valoración final con arreglo a los criterios de adjudicación.

Finalmente, con la valoración de las propuestas definitivas, el órgano de contratación adjudicará el contrato a la propuesta que haya obtenido la mejor puntuación.

Actividades

16. Ponga ejemplos de adquisiciones de bienes/prestaciones de servicios que deban licitarse con un procedimiento con negociación.

Procedimiento con diálogo competitivo

Atendiendo a lo dispuesto en el artículo 172 de la LCSP: *en el diálogo competitivo, la mesa especial de diálogo competitivo dirige un diálogo con los candidatos seleccionados, previa solicitud de los mismos, a fin de desarrollar una o varias soluciones susceptibles de satisfacer sus necesidades y que servirán de base para que los candidatos elegidos presenten una oferta.*

Además, cualquier empresa interesada podrá presentar una solicitud de participación en respuesta a un anuncio de licitación, proporcionando la información y documentación para la selección cualitativa que haya solicitado el órgano de contratación.

En otras palabras, el órgano de contratación detecta una necesidad que hay que cubrir, pero aún no sabe cómo poder solucionarla, por lo que publica un anuncio en que comunica dicha necesidad, los requisitos que deben cumplir las ofertas candidatas y los criterios de adjudicación.

Tras la publicación del anuncio, los interesados deben presentar sus ofertas y, con ellas, el órgano de contratación preselecciona a los candidatos que podrán participar en el proceso (no podrán ser menos de tres candidatos) a través de una invitación para dialogar con ellos que irá acompañada de toda la información que puedan necesitar sobre las circunstancias y los aspectos principales del contrato.

Concretamente, la invitación incluirá los siguientes elementos:

- Referencia al anuncio de licitación en cuestión.
- Fecha y lugar en el que se va a iniciar la fase de consulta.

- Lengua o lenguas que se van a utilizar.
- Documentos sobre las condiciones de aptitud que deben adjuntar las empresas candidatas.
- Ponderación relativa de los criterios de adjudicación del contrato o el orden de importancia decreciente de estos criterios.
- Indicaciones para permitir que los candidatos accedan electrónicamente al documento descriptivo y a toda la documentación complementaria.

El proceso de diálogo competitivo con los candidatos seleccionados tiene como finalidad determinar y definir cuáles serán los medios más adecuados para satisfacer las necesidades del órgano de contratación y reducir en la medida de lo posible las soluciones que se van a valorar durante esta fase.

Importante

Durante toda la fase de diálogo, la mesa de contratación debe dar el mismo trato a todos los licitadores. Por ello, no podrá facilitar ningún tipo de información que pueda aventajar a ciertos licitadores con respecto a los demás.

Cuando ya se ha terminado la fase de diálogo, la mesa envía una invitación a los participantes a realizar una oferta final, en la que deberán incluir todos los elementos requeridos en el anuncio y aquellos que sean necesarios para poder llevar a cabo el proyecto.

No obstante, si la mesa tiene dudas sobre la documentación presentada en las ofertas finales, puede solicitar aclaraciones o precisiones sobre las mismas, ajustes o información complementaria, siempre que no se modifiquen los elementos fundamentales de la oferta.

Con toda la información necesaria, la mesa evalúa las ofertas presentadas por los licitadores atendiendo a los criterios de adjudicación, selecciona la oferta más ventajosa y, finalmente, el órgano de contratación procede a la adjudicación del contrato.

Contratos menores

El artículo 118, la LCSP define los contratos menores como sigue: *Se consideran contratos menores los contratos de valor estimado inferior a 40.000 euros, cuando se trate de contratos de obras, o a 15.000 euros, cuando se trate de contratos de suministro o de servicios, sin perjuicio de lo dispuesto en el artículo 229 en relación con las obras, servicios y suministros centralizados en el ámbito estatal.*

En la tramitación del expediente de los contratos menores se exige que el órgano de contratación emita un informe para justificar motivadamente la necesidad del contrato y que no se está produciendo una alteración de su objeto para evitar aplicar los umbrales descritos arriba. Además, se requiere la aprobación del gasto y que a este se incorpore la factura correspondiente.

Los contratos menores no pueden durar más de un año ni se pueden prorrogar y, además, deben publicarse trimestralmente indicando, como mínimo, la siguiente información:

- Objeto del contrato menor
- Duración del contrato
- Importe de adjudicación (con el IVA incluido)
- Identidad del adjudicatario

La peculiaridad de este tipo de contratos radica en la adjudicación de los mismos, ya que no siguen el procedimiento ordinario de adjudicación.

De hecho, el artículo 131.3 indica expresamente lo siguiente: *Los contratos menores podrán adjudicarse directamente a cualquier empresario con capacidad de obrar y que cuente con la habilitación profesional necesaria para realizar la prestación, cumpliendo con las normas establecidas en el artículo 118.*

Es decir, no hay un procedimiento de presentación de oferta y selección de candidatos, sino que, con los contratos menores, se puede adjudicar el contrato de forma directa, siempre y cuando el empresario tenga capacidad de obrar y tenga habilitación profesional para desempeñar la prestación objeto del contrato.

Procedimiento de asociación para la innovación

La asociación para la innovación está definida en el artículo 177 de la LCSP como sigue: *La asociación para la innovación es un procedimiento que tiene como finalidad el desarrollo de productos, servicios u obras innovadores y la compra ulterior de los suministros, servicios u obras resultantes, siempre que correspondan a los niveles de rendimiento y a los costes máximos acordados entre los órganos de contratación y los participantes.*

En este tipo de procedimiento, el órgano de contratación debe exponer los requisitos mínimos que deben cumplir todos los licitadores en la publicación de la convocatoria.

Una vez publicada la convocatoria, cualquier empresario puede solicitar participar en ella, para lo cual dispondrán de un plazo mínimo de treinta días a partir de la fecha de envío del anuncio de licitación, siempre que el contrato esté sujeto a regulación armonizada.

Si el contrato no está sujeto a regulación armonizada este plazo no podrá ser inferior a veinte días, a contar desde la fecha de publicación del anuncio de licitación en el perfil del contratante.

Una vez que el órgano de contratación ha evaluado la información facilitada por los empresarios en sus solicitudes, este seleccionará a los que, posteriormente, invitará a participar en el proceso y presentar proyectos de innovación e investigación.

Una vez que se ha finalizado la selección e invitación de los candidatos que participarán en el proceso, el órgano de contratación negociará con los candidatos las ofertas (iniciales y posteriores), a excepción de la oferta definitiva, y procederá a la adjudicación del contrato siguiendo exclusivamente el criterio de la mejor calidad-precio.

Del mismo modo que en el resto de procedimientos, el órgano de contratación no puede revelar información que pueda dar ventaja a algún candidato respecto a los demás, para evitar que se actúe o se adjudique de forma discriminatoria.

Aplicación práctica

Marta Rodríguez Serrano es administradora de una empresa logística y participó en un proceso de licitación de la Junta de Contratación del Ministerio de Asuntos Exteriores, Unión Europea y Cooperación. A fecha de 24/05/2023 el poder adjudicador ha publicado el siguiente anuncio de formalización de contratos:

Continúa en página siguiente >>

<< Viene de página anterior

BOLETÍN OFICIAL DEL ESTADO

Núm. 123 Miércoles 24 de mayo de 2023 Sec. V-A. Pág. 24261

V. Anuncios

A. Contratación del Sector Público

MINISTERIO DE ASUNTOS EXTERIORES, UNIÓN EUROPEA Y COOPERACIÓN

15452 *Anuncio de formalización de contratos de: Junta de Contratación del Ministerio de Asuntos Exteriores, Unión Europea y Cooperación. Objeto: Servicio de distribución y movimiento interior de enseres y documentación del ministerio de Asuntos Exteriores, Unión Europea y de Cooperación (en adelante MAUC) en sus sedes en Madrid. Expediente: 2022.12.01.0018.C.*

1. Poder adjudicador:

   1.1) Nombre: Junta de Contratación del Ministerio de Asuntos Exteriores, Unión Europea y Cooperación.
   1.2) Número de identificación fiscal: S2812001B.
   1.3) Dirección: Plaza de la Provincia,1.
   1.4) Localidad: Madrid.
   1.5) Provincia: Madrid.
   1.6) Código postal: 28071.
   1.7) País: España.
   1.8) Código NUTS: ES300.
   1.9) Teléfono: 913799292.
   1.11) Correo electrónico: dgse.juntadecontrata@maec.es
   1.13) Dirección del perfil de comprador: https://contrataciondelestado.es/wps/poc?uri=deeplink:perfilContratante&idBp=Ry8%2F2tKUmQwQK2TEfXGy%2BA%3D%3D

2. Tipo de poder adjudicador y principal actividad ejercida:

   2.1) Tipo: Administración General del Estado.
   2.2) Actividad principal ejercida: Política Exterior.

4. Códigos CPV: 63100000 (Servicios de carga, descarga y almacenamiento).

5. Lugar principal de prestación de los servicios: ES300.

6. Descripción de la licitación: Servicio de distribución y movimiento interior de enseres y documentación del ministerio de Asuntos Exteriores, Unión Europea y de Cooperación (en adelante MAUC) en sus sedes en Madrid.

7. Tipo de procedimiento de adjudicación: Abierto.

9. Criterios de adjudicación:

   9.1) Bolsa de horas (Ponderación: 20%).
   9.2) Oferta económica (Ponderación: 80%).

10. Fecha de adjudicación: 21 de febrero de 2023.

11. Ofertas recibidas:

    11.1) Número de ofertas recibidas: 4.
    11.2) Número de ofertas recibidas de PYMEs: 4.

12. Adjudicatarios:

    12.1) Nombre: UTE ORDAX EMPLEA, S.L.U. y ADECUACIÓN DE

cve: BOE-B-2023-15452
Verificable en https://www.boe.es

Continúa en página siguiente >>

<< Viene de página anterior

BOLETÍN OFICIAL DEL ESTADO

Núm. 123 | Miércoles 24 de mayo de 2023 | Sec. V-A. Pág. 24262

ALTERNATIVAS, S.L.
12.2) Número de identificación fiscal: U-44616597.
12.3) Dirección: Calle Invierno 17.
12.4) Localidad: Madrid.
12.6) Código postal: 28850.
12.7) País: España.
12.13) El adjudicatario es una PYME.

13. Valor de las ofertas:

13.1) Valor de la oferta seleccionada: 248.724,00 euros.
13.2) Valor de la oferta de mayor coste: 319.253,17 euros.
13.3) Valor de la oferta de menor coste: 248.724,00 euros.

16. Procedimientos de recurso:

16.1) Órgano competente para los procedimientos de recurso:

16.1.1) Nombre: Junta de contratación del MAEC.
16.1.2) Dirección: Plaza de la Provincia, 1.
16.1.3) Localidad: Madrid.
16.1.5) Código postal: 28012.
16.1.6) País: España.
16.1.9) Correo electrónico: dgse.juntadecontrata@maec.es

17. Publicación anterior referente al presente procedimiento:

17.1) ID: 2022-992106. Envío de Anuncio de Licitación al DOUE (8 de noviembre de 2022).
17.2) ID: 2022/S 218-626744. Anuncio de Licitación publicado en DOUE (11 de noviembre de 2022).
17.3) ID: 2022-992106. Anuncio de Licitación publicado en BOE (18 de noviembre de 2022).
17.4) ID: 2023-754636. Envío de Anuncio de Formalización al DOUE (19 de mayo de 2023).

18. Fecha de envío del anuncio: 19 de mayo de 2023.

Madrid, 19 de mayo de 2023.- Subdirectora General de la Oficina Presupuestaria, Cecilia Rocha de la Fuente.

ID: A230019582-1

cve: BOE-B-2023-15452
Verificable en https://www.boe.es

https://www.boe.es | BOLETÍN OFICIAL DEL ESTADO | D.L.: M-1/1958 - ISSN: 0212-033X

Continúa en página siguiente >>

<< Viene de página anterior

Viendo el anuncio de formalización del contrato publicado en el BOE, indique a quién se le ha adjudicado el contrato y el valor de la oferta seleccionada.

SOLUCIÓN

Para ver a quién se le ha adjudicado el contrato hay que acudir al punto 12 del anuncio. Ahí se indica que el adjudicatario seleccionado es el siguiente:

- Nombre: UTE ORDAX EMPLEA, S. L. U. y ADECUACIÓN DE ALTERNATIVAS, S. L.
- Número de identificación fiscal: U-44616597.
- Dirección: Calle Invierno 17. 12.4) Localidad: Madrid.
- Código postal: 28850.
- País: España.
- El adjudicatario es una pyme.

El valor de la oferta seleccionada se encuentra en el punto 13.1 del anuncio y es de 248.724,00 euros.

En los puntos 13.2 y 13.3 se pueden ver el valor de la oferta de mayor coste y el valor de la oferta de menor coste, siendo respectivamente 319.253,17 euros y 248.724,00 euros. De ahí se deduce que el poder licitador ha seleccionado la oferta de menor coste.

7.2. Notificación y publicación de la adjudicación

Por lo general, desde que la Administración pública inicia el procedimiento de contratación/licitación hasta que se resuelve la adjudicación del contrato suele haber un plazo de seis meses.

La resolución de adjudicación deberá estar debidamente motivada y se notificará a los candidatos y licitadores si han sido seleccionados o no. Además, deberá publicarse en el perfil del contratante en un plazo máximo de quince días.

Actividades

17. ¿Hay algún caso en el que el plazo para adjudicar un contrato puede ser distinto a seis meses?

La notificación/publicación debe incluir la información necesaria para que los interesados en el procedimiento puedan interponer, si lo desean, un recurso contra la decisión de adjudicación de forma fundamentada.

Por ello, la notificación/publicación deberá incluir lo siguiente:

- Las razones por las que se ha desestimado la candidatura de los candidatos descartados, de forma resumida.
- Los motivos por los que no se ha admitido la oferta de los licitadores excluidos del procedimiento de adjudicación.
- Las valoraciones asignadas a los licitadores candidatos.
- El nombre del adjudicatario, las características y las ventajas que han determinado su selección y, si procede, cómo se han desarrollado las negociaciones o el diálogo con los licitadores.

Nota

La notificación/comunicación de adjudicación deberá realizarse a través de medios electrónicos y deberá indicarse el plazo en el que se tendrá que formalizar el contrato.

Si, finalmente, el órgano de contratación desiste del procedimiento de adjudicación o decide no adjudicar un contrato, deberá notificarlo igualmente a los candidatos/licitadores.

Aplicación práctica

La empresa Muebles baratos, S. A. ha participado en un proceso de licitación para proveer una serie de muebles de oficina al Ayuntamiento de Cáceres.

Ha finalizado el proceso y ha recibido una notificación en la que simplemente se le indica que su oferta ha sido descartada.

Valore si la Administración ha obrado correctamente con el contenido de dicha notificación.

SOLUCIÓN

La Administración no ha obrado correctamente con el contenido de la notificación, ya que esta debe incluir, como mínimo, los siguientes aspectos:

- Las razones por las que se ha desestimado la candidatura de los candidatos descartados, de forma resumida.
- Los motivos por los que no se ha admitido la oferta de los licitadores excluidos del procedimiento de adjudicación.
- Las valoraciones asignadas a los licitadores candidatos.
- El nombre del adjudicatario, las características y las ventajas que han determinado su selección y, si procede, cómo se han desarrollado las negociaciones o el diálogo con los distintos licitadores.

Analizando dichos aspectos, se puede ver que no han dado las razones de la desestimación de la oferta, ni ningún tipo de información sobre el adjudicatario.

Por otra parte, tampoco se conocen las valoraciones que se han otorgado a los candidatos, por lo que no se puede saber cuál ha sido el motivo de la elección del adjudicatario final.

8. Formalización del contrato

Atendiendo al artículo 153 de la LCSP:

Los contratos que celebren las Administraciones Públicas deberán formalizarse en documento administrativo que se ajuste con exactitud a las condiciones de la licitación, constituyendo dicho documento título suficiente para acceder a cualquier registro público. No obstante, el contratista podrá solicitar que el contrato se eleve a escritura pública, corriendo de su cargo los correspondientes gastos. En ningún caso se podrán incluir en el documento en que se formalice el contrato cláusulas que impliquen alteración de los términos de la adjudicación.

En los contratos basados en un acuerdo marco o en los contratos específicos dentro de un sistema dinámico de adquisición, no resultará necesaria la formalización del contrato.

Es decir, los contratos celebrados por las Administraciones públicas deben formalizarse en un documento administrativo. No obstante, si el contratista lo desea, puede solicitar que el contrato sea elevado a escritura pública. Eso sí, deberá correr con los gastos de dicha elevación.

Respecto a los contratos menores, solo se exigirá aprobar el gasto e incorporar al expediente de contratación la factura correspondiente.

Generalmente, el plazo para formalizar el contrato será de quince días como máximo desde la notificación de la adjudicación a los licitadores/candidatos. No obstante, si el contrato en cuestión es susceptible de recurso especial en materia de contratación, las comunidades autónomas pueden decidir una ampliación del plazo para la formalización del contrato, no pudiendo este exceder de un mes.

Si, por algún motivo, el contrato no se formalizase en el plazo indicado, pueden darse dos casuísticas:

- **Que la falta de formalización sea imputable al contratista (antes adjudicatario):** en este caso, la Administración pública correspondiente le exigirá el tres por ciento del presupuesto base de licitación, excluyendo el IVA, como penalización.
- **Que la falta de formalización sea imputable a la Administración pública:** en este caso, la administración correspondiente deberá indemnizar al contratista por daños y perjuicios.

Además, la formalización de los contratos se deberá publicar, junto con el contrato correspondiente, en un plazo de, como máximo, quince días a partir del perfeccionamiento de dicho contrato en el perfil del contratante.

Si el contrato está sujeto a regulación armonizada, el anuncio de formalización se deberá publicar en el Diario Oficial de la Unión Europea.

Si el contrato ha sido celebrado por la Administración General del Estado o por las entidades vinculadas a ella que tengan condición de Administración pública, el anuncio de formalización se deberá publicar en el Boletín Oficial del Estado.

9. Fuentes de información y publicidad de concursos públicos

Cuando una empresa decide trabajar con la Administración pública, debe tener en cuenta que tiene que cumplir con una serie de requisitos, estipulaciones y trámites requeridos en los contratos públicos.

Para ello, las empresas interesadas en participar en un proceso de licitación pública deben verificar todos estos requisitos y trámites a cumplir accediendo a los portales de difusión utilizados por la Administración pública en cuestión, atendiendo al tipo de contrato público que se va a formalizar.

Como se ha ido comentando a lo largo del capítulo, las Administraciones públicas deberán publicar el anuncio de licitación/contratación en alguno de los siguientes portales de difusión:

- Diario Oficial de la Unión Europea: en aquellos contratos que están sujetos a regulación armonizada.
- Boletín Oficial del Estado: en los contratos celebrados por la Administración General del Estado o por las entidades vinculadas a ella que ostenten la condición de Administración pública.
- Plataforma de contratación del Estado.
- Portal del contratante donde los órganos de contratación difunden la información relativa a los procesos de contratación que se están llevando a cabo para garantizar la transparencia y el acceso público a la información por parte de los ciudadanos, empresarios y posibles candidatos en igualdad de condiciones.

No obstante, hay que tener en cuenta que, atendiendo al artículo 154 de la LCSP: *Podrán no publicarse determinados datos relativos a la celebración del contrato cuando se considere, justificándose debidamente en el expediente, que la divulgación de esa información puede obstaculizar la aplicación de una norma, resultar contraria al interés público o perjudicar intereses comerciales legítimos de empresas públicas o privadas o la competencia leal entre ellas, o cuando se trate de contratos declarados secretos o reservados o cuya ejecución deba ir acompañada de medidas de seguridad especiales conforme a la legislación vigente, o cuando lo exija la protección de los intereses esenciales de la seguridad del Estado y así se haya declarado de conformidad con lo previsto en la letra c) del apartado 2 del artículo 19.*

Además, si se desea obtener más información sobre el proceso de contratación pública, se puede acudir al Sistema de información para la contratación pública europea (SIMAP), también llamado Portal de Contratación Pública de la Unión Europea.

Esta plataforma tiene como objetivo fundamental facilitar la participación de las empresas en los procesos de contratación que se llevan a cabo por las instituciones y los organismos públicos de la Unión Europea y de sus países integrantes.

Además, el SIMAP ofrece información sobre los anuncios de licitación de las Administraciones públicas de la UE y da acceso a todos los documentos de estos procesos para que las empresas puedan presentar sus candidaturas y ofertas en un entorno transparente y competitivo.

Nota

Para acceder al SIMAP hay que dirigirse a la siguiente página web: https://simap.ted.europa.eu/home.

El SIMAP, además de ser un portal de información, ofrece recursos y herramientas adicionales como, por ejemplo, guías, formularios y directrices relacionadas con la contratación pública en la UE, que ayudan a las partes interesadas a comprender y cumplir con los requisitos y procedimientos establecidos en las normativas europeas de contratación.

En definitiva, la página web del SIMAP es una plataforma en línea que centraliza y proporciona acceso a la información sobre contratación pública en la Unión Europea, con el objetivo de promover la transparencia y la competencia en los procesos de adquisición llevados a cabo por las instituciones y organismos de la UE.

Actividades

18. Acceda a la página web del SIMAP y busque un formulario normalizado de un anuncio de información previa y de un anuncio de adjudicación de contrato.

Aplicación práctica

Usted, administrador único de la empresa Mantenimiento de datos, S. L. que se dedica a las actividades de desarrollo y mantenimiento de aplicaciones informáticas y bases de datos. Ha estado consultando el BOE del 05/06/2023 y ha visto que la Universidad Nacional de Educación a Distancia ha publicado un anuncio de licitación que puede interesarle:

Continúa en página siguiente >>

<< Viene de página anterior

BOLETÍN OFICIAL DEL ESTADO

Núm. 133 Lunes 5 de junio de 2023 Sec. V-A. Pág. 26772

V. Anuncios

A. Contratación del Sector Público

UNIVERSIDADES

16979 *Anuncio de licitación de: Rectorado de la Universidad Nacional de Educación a Distancia. Objeto: Servicio de mantenimiento de la herramienta Jira Service Management Data Center. Expediente: AM 38/2023.*

1. Poder adjudicador:

   1.1) Nombre: Rectorado de la Universidad Nacional de Educación a Distancia.
   1.2) Número de identificación fiscal: Q2818016D.
   1.3) Dirección: Bravo Murillo, 38.
   1.4) Localidad: Madrid.
   1.5) Provincia: Madrid.
   1.6) Código postal: 28015.
   1.7) País: España.
   1.8) Código NUTS: ES300.
   1.9) Teléfono: 913989140.
   1.11) Correo electrónico: licitacionelectronica@adm.uned.es
   1.12) Dirección principal: http://www.uned.es
   1.13) Dirección del perfil de comprador: https://contrataciondelestado.es/wps/poc?uri=deeplink:perfilContratante&idBp=EvLoFrXpdcoQK2TEfXGy%2BA%3D%3D

2. Acceso a los pliegos de contratación: Acceso libre, directo, completo y gratuito a los pliegos de la contratación, en https://contrataciondelestado.es/wps/poc?uri=deeplink:detalle_licitacion&idEvl=tnHhFCYMLDuopEMYCmrbmw%3D%3D

3. Tipo de poder adjudicador y principal actividad ejercida:

   3.1) Tipo: Otras Entidades del Sector Público.
   3.2) Actividad principal ejercida: Educación.

5. Códigos CPV: 72200000 (Servicios de programación de «software» y de consultoría).

6. Lugar principal de prestación de los servicios: ES300.

7. Descripción de la licitación: Servicio de mantenimiento de la herramienta Jira Service Management Data Center.

8. Valor estimado: 551.254,56 euros.

9. Información sobre las variantes: No se aceptarán variantes.

10. Duración del contrato, acuerdo marco o sistema dinámico de adquisición: 2 años (2 años, comenzando su ejecución el 1 de octubre de 2023 o el día de la firma del contrato por ambas partes si esta es posterior al 1.10.2023).

11. Condiciones de participación:

    11.3) Situación personal: Capacidad de obrar.
    11.4) Situación económica y financiera: Otros (se deberá acreditar, por la

cve: BOE-B-2023-16979
Verificable en https://www.boe.es

Continúa en página siguiente >>

<< Viene de página anterior

BOLETÍN OFICIAL DEL ESTADO

Núm. 133 Lunes 5 de junio de 2023 Sec. V-A. Pág. 26773

empresa propuesta como adjudicataria, previamente a la firma del contrato).

11.5) Situación técnica y profesional: Otros (se deberá acreditar, por la empresa propuesta como adjudicataria, previamente a la firma del contrato).

12. Tipo de procedimiento: Abierto.

17. Condiciones de ejecución del contrato: Favorecer la formación en el lugar de trabajo (formación de 10 horas al año en el uso de la herramienta de Jira Service Management Data Center a los trabajadores adscritos al contrato).

18. Criterios de adjudicación:

18.1) Mejora técnica. Certificaciones del fabricante (Ponderación: 10%).
18.2) Mejora técnica. Certificación de mantenimiento (Ponderación: 35%).
18.3) PRECIO (Ponderación: 55%).

19. Plazo para la recepción de ofertas o solicitudes de participación: Hasta las 23:59 horas del 30 de junio de 2023.

20. Lugar de envío de las ofertas o de las solicitudes de participación:

20.1) Dirección: Rectorado de la Universidad Nacional de Educación a Distancia. Bravo Murillo, 38. 28015 Madrid, España.

21. Apertura de ofertas:

21.2) Fecha, hora y lugar de apertura de las plicas:

21.2.1) Apertura sobre oferta económica: 6 de julio de 2023 a las 08:59. Edificio de Rectorado de la UNED . Bravo Murillo 38 - 28015 Madrid, España.

22. Lengua o lenguas en las que deberán redactarse las ofertas o las solicitudes de participación: Español.

23. Información sobre flujos de trabajo electrónicos:

23.1) Se aceptará la presentación electrónica de ofertas o de solicitudes de participación.

25. Procedimientos de recurso:

25.1) Órgano competente para los procedimientos de recurso:

25.1.1) Nombre: TACRC o Registro General de la UNED.
25.1.2) Dirección: Bravo Murillo, 38.
25.1.3) Localidad: Madrid.
25.1.5) Código postal: 28015.
25.1.6) País: España.

26. Publicación anterior referente al presente procedimiento: ID: 2023-791487. Envío de Anuncio de Licitación al DOUE (31 de mayo de 2023).

28. Fecha de envío del anuncio: 31 de mayo de 2023.

Madrid, 31 de mayo de 2023.- Rector, Ricardo Mairal Usón.

ID: A230021614-1

cve: BOE-B-2023-16979
Verificable en https://www.boe.es

https://www.boe.es BOLETÍN OFICIAL DEL ESTADO D.L.: M-1/1958 - ISSN: 0212-033X

Continúa en página siguiente >>

<< Viene de página anterior

Para poder conocer con más precisión los aspectos clave del contrato, se reúne con el equipo financiero para analizarlo. Identifique y determine la siguiente información:

- **Poder adjudicador de la licitación.**
- **Tipo de procedimiento.**
- **Fecha límite para presentar las ofertas o solicitudes de participación.**
- **Fecha, hora y lugar de apertura de las plicas (sobres).**
- **Cuáles son las condiciones de participación y documentación que debe presentar para acreditarla.**
- **Garantías a presentar.**
- **Requisitos a cumplir respecto a valor, duración del contrato y presentación de variantes.**

SOLUCIÓN

- **Poder adjudicador de la licitación:** Rectorado de la Universidad Nacional de Educación a Distancia (Q2818016D).
- **Tipo de procedimiento:** procedimiento abierto.
- **Fecha límite para presentar las ofertas o solicitudes de participación:** 30/06/2023 a las 23:59 horas.
- **Fecha, hora y lugar de apertura de las plicas (pliegos):** la apertura sobre la oferta económica se va a realizar el 6 de julio de 2023 a las 08:59 horas en el Edificio de Rectorado de la UNED (calle Bravo Murillo, 38, 28015 Madrid, España).
- **Cuáles son las condiciones de participación y documentación que debe presentar para acreditarla:** hay que acreditar lo siguiente:

  - Capacidad de obrar.
  - Situación económica y financiera: hay que presentar un certificado bancario que acredite la solvencia económica y financiera de la empresa antes de firmar el contrato.

Situación técnica y profesional: habrá que presentar un documento que acredite que la empresa tiene capacidad de desarrollar el servicio objeto del contrato.

- **Garantías a presentar:** no se requiere ninguna garantía.
- **Requisitos a cumplir respecto a valor, duración del contrato y presentación de variantes:**

  - El valor estimado del contrato es de 551.254,56 euros, por lo que la empresa debe ser capaz de desarrollar los servicios objeto del contrato por ese precio con capacidad suficiente para soportar los gastos y no incurrir en pérdidas.
  - El contrato debe comenzar a ejecutarse el 1 de octubre de 2023 o el día que se firme el contrato (si es posterior a dicha fecha). La duración del contrato será de 2 años a partir de la firma.
  - Respecto a las variantes, no se aceptan.

10. Resumen

Si una empresa quiere desarrollar su actividad comercial con las Administraciones públicas debe tener muy presente que hay que cumplir con una serie de requisitos y plazos, además de seguir un procedimiento riguroso y estricto que, si no se cumple debidamente, puede hacer perder la formalización de un contrato con la administración.

En España, la contratación pública viene regulada en la Ley y 9/2017, de 8 de noviembre, de Contratos del Sector Público, por la que se transponen al ordenamiento jurídico español las Directivas del Parlamento Europeo y del Consejo 2014/23/UE y 2014/24/UE, de 26 de febrero de 2014.

A lo largo del capítulo se ha desarrollado esta Ley, se han ido analizando los distintos tipos de contratos públicos en vigor y se han analizado las peculiaridades de cada proceso de contratación atendiendo a las peculiaridades de la Administración pública que lo está llevando a cabo y del tipo de servicio/bien que se está licitando.

Independientemente de las peculiaridades de cada tipo de contrato y de la Administración pública que está desarrollando el proceso, hay que destacar las fases elementales de un proceso de contratación general: preparación del contrato, publicidad y licitación, selección del contratista y adjudicación del contrato, ejecución/formalización del contrato y extinción del contrato.

No obstante, si el procedimiento en cuestión sigue una tramitación urgente o de emergencia, algunas de estas fases no se llevarán a cabo o reducirán sus plazos y trámites.

Por último, el capítulo ha descrito dónde acudir si se desea obtener información sobre los distintos procesos de contratación pública, a destacar el SIMAP, el Sistema de Información para la Contratación Pública Europea, también llamado Portal de Contratación Pública de la UE.

Ejercicios de repaso y autoevaluación

1. Indique cuál es el objetivo principal de la contratación pública:

a. Fomentar la competencia entre empresas.
b. Garantizar la transparencia en los procesos de contratación.
c. Obtener bienes y servicios al mejor precio.
d. Todas las opciones son correctas.

2. En la contratación pública, ¿qué es el diálogo competitivo?

a. Un proceso de negociación entre el órgano de contratación y los candidatos.
b. Un proceso de diálogo entre los candidatos seleccionados para encontrar soluciones.
c. Un proceso de licitación abierta a todos los interesados.
d. Todas las opciones son incorrectas.

3. ¿Es posible que el certificado de existencia de crédito indique que no se dispone de suficiente disponibilidad presupuestaria para hacer frente a los compromisos económicos de un contrato público?

a. Sí, y las posibles consecuencias serían la cancelación del contrato.
b. No, el certificado siempre indica la disponibilidad presupuestaria.
c. Sí, y las posibles consecuencias serían la renovación del contrato.
d. No, en ningún caso.

4. Complete los huecos en las siguientes oraciones relacionados con los tipos de elementos que forman parte de un contrato público:

a. Los elementos ______________ hacen referencia a las partes que firman el contrato administrativo.
b. Los elementos ______________ se refieren a los requisitos que debe cumplir el documento del contrato administrativo para que se ajuste exactamente a las condiciones de la licitación objeto de dicho contrato.
c. De los elementos ______________ del contrato administrativo, hay que destacar el objeto y el precio.

5. **En general, el plazo máximo para presentar ofertas en un procedimiento abierto es de...**

   a. ... 15 días hábiles.
   b. ... 30 días naturales.
   c. ... 45 días hábiles.
   d. ... 60 días naturales.

6. **¿Qué es el perfil del contratante?**

   a. Un documento que recoge las condiciones de un contrato público.
   b. Una plataforma electrónica donde se publican los contratos públicos.
   c. Un organismo encargado de la contratación pública.
   d. Todas las opciones son incorrectas.

7. **Indique cuál es el plazo máximo para resolver un recurso especial en materia de contratación.**

   a. 10 días hábiles
   b. 15 días naturales
   c. 20 días hábiles
   d. 30 días naturales

8. **En términos generales, el órgano de contratación y el adjudicatario tienen un plazo de ____________ desde la notificación/publicación de la adjudicación para formalizar el contrato.**

   a. 15 días hábiles
   b. 30 días naturales
   c. 45 días hábiles
   d. 60 días naturales

9. **¿Qué es el contrato menor?**

   a. Un contrato de pequeña cuantía que se adjudica directamente a un único proveedor.
   b. Un contrato de alta complejidad técnica que se adjudica mediante diálogo competitivo.

c. Un contrato que se adjudica mediante procedimiento abierto.
d. Todas las opciones son incorrectas.

10. ¿Qué es el SIMAP?

a. El Sistema de Información para la Contratación Pública.
b. El Sistema de Interrogación de las Administraciones públicas.
c. El Sistema de Contratación de las Empresas Privadas.
d. El Asistente de Contratación de las Empresas Privadas.

Capítulo 3
Contratación privada de la empresa

Contenido

1. Introducción
2. Proceso de contratación privado
3. Normativa civil y mercantil aplicable
4. Tipos de contratos: Compraventa. Franquicia. Intermediación comercial (Agencia. Comisión. Mediación). *Leasing y Renting. Factoring y Confirming.* Transporte. Seguro
5. Búsqueda de modelos de contratos
6. Cumplimentación de modelos de contratos a través de aplicaciones informáticas
7. Archivo de la información y documentación de cada contrato
8. Resumen

1. Introducción

Además de la contratación con entes públicos, las empresas pueden llevar a cabo su actividad a través de contratos de carácter privado, con otras personas físicas o jurídicas.

En España, el proceso de contratación privada distingue principalmente entre contratos civiles y mercantiles y los regula en el Código Civil, el Código de Comercio, además de en otras legislaciones de carácter complementario.

Mientras que el derecho mercantil es la rama del derecho que regula las relaciones comerciales entre las empresas, el derecho civil es la rama del derecho privado que regula las relaciones entre personas.

El presente capítulo comenzará explicando el proceso de contratación privado y la normativa aplicable a dicho proceso y explicará y analizará con detalle los distintos tipos de contratos existentes en la actualidad, además de cómo buscarlos y redactarlos convenientemente para una relación comercial fructífera entre empresas.

2. Proceso de contratación privado

En España, el proceso de contratación privado hace referencia al procedimiento mediante el cual las personas físicas y jurídicas establecen acuerdos y obligaciones entre sí, sin que para ello intervenga directamente el gobierno o las entidades públicas.

Las principales fases de un proceso de contratación privada son:

1. **Negociación:** todo proceso de contratación privada se inicia con la negociación entre las partes involucradas. Ello implica llevar a cabo una discusión para decidir los términos y condiciones del contrato, incluyendo detalles como el objeto, plazos, precios, entregas, formas de pago, obligaciones de las partes, entre otros.
2. **Oferta y aceptación:** cuando las partes ya han alcanzado un acuerdo sobre los términos del contrato, una de las partes (llamada oferente) presenta

una oferta formal, detallando dichos términos. La otra parte (llamada aceptante), en esta fase, debe aceptar la oferta que le presenta el ofertante o negociar modificaciones en sus cláusulas antes de aceptarla.

3. **Elementos del contrato:** para que un contrato sea válido en España, debe cumplir con determinados elementos fundamentales, como, por ejemplo, el consentimiento libre y voluntario de todas las partes, la capacidad legal para celebrar contratos y que haya un objeto lícito y determinado del contrato.
4. **Redacción del contrato:** cuando ya se ha alcanzado un acuerdo y las partes del contrato ya han aceptado sus términos, hay que redactar el contrato. Es fundamental que este se redacte de forma precisa y clara, detallando todos los aspectos importantes para evitar problemas con posibles malentendidos en un futuro. Para ello, las partes pueden llevar a cabo la redacción del contrato por ellas mismas o buscar asesoramiento legal para asegurar que se incluyen todos los términos básicos y necesarios.
5. **Firma del contrato:** finalizada la redacción del contrato, para que este se formalice, las partes deben proceder a su firma, que puede llevarse a cabo de forma manuscrita o electrónica, según la preferencia de las partes y la validez legal en el momento.
6. **Ejecución del contrato:** una vez firmado el contrato, las partes están obligadas legalmente a cumplir con lo acordado, lo que puede implicar aspectos como la entrega de bienes o servicios, pagos, cumplimiento de plazos u otras obligaciones.
7. **Incumplimiento y solución de controversias:** si alguna o algunas de las partes no cumple con los términos del contrato, puede incurrirse en un incumplimiento. En este caso, el contrato puede establecer procedimientos para resolver estas disputas como, por ejemplo, la mediación, el arbitraje o, incluso, la vía judicial.
8. **Finalización del contrato:** cuando todas las partes del contrato han cumplido con todos los términos en tiempo y forma, este se considera finalizado. No obstante, los contratos pueden contemplar una prórroga o una renovación automática.

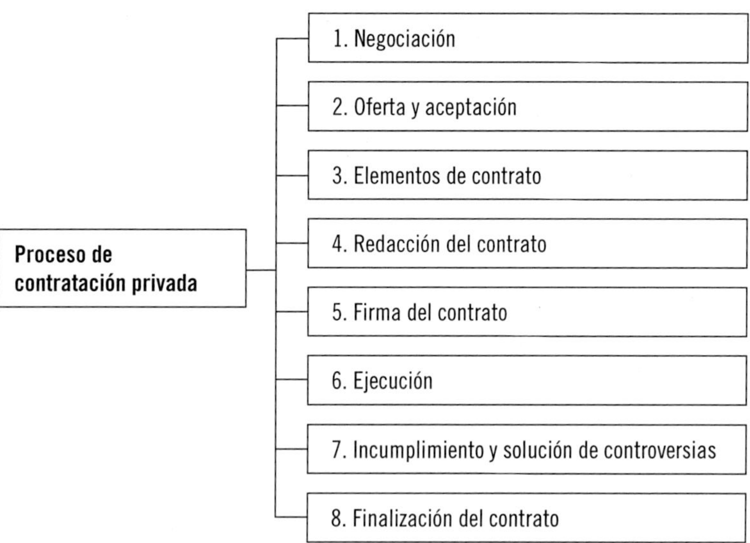

Actividades

1. ¿Qué ocurriría si en un proceso de contratación se saltase alguna de las fases? ¿Qué ocurriría si el contrato no se firma?

3. Normativa civil y mercantil aplicable

En España, la normativa civil y mercantil que regula los contratos privados se encuentra, principalmente, en el Código Civil y en el Código de Comercio. Ambos establecen los principios fundamentales y las reglas generales que rigen los acuerdos y las relaciones contractuales entre las partes.

Como ya se ha ido comentando a lo largo del capítulo, la diferencia fundamental entre el derecho civil y el derecho mercantil es la materia que regula cada una de ellos.

Mientras que el derecho civil regula las relaciones existentes entre particulares (tanto personas físicas, como jurídicas), el derecho mercantil regula la actividad entre los empresarios mientras llevan a cabo el ejercicio de su profesión.

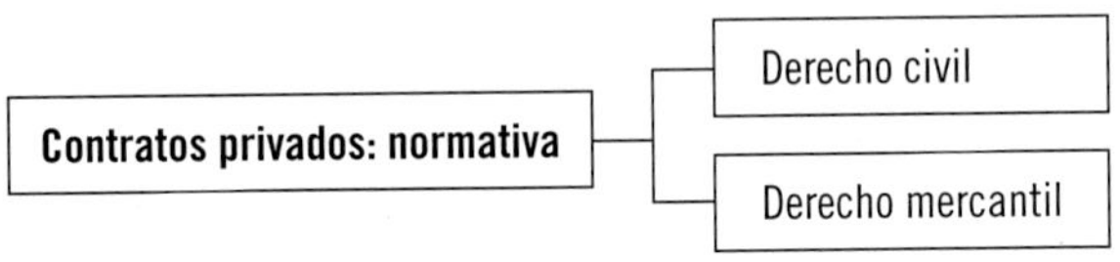

Actividades

2. Investigue cuáles son las principales normas que rigen los contratos dentro del derecho civil y mercantil.

Normativa civil aplicable

La normativa civil en España viene regulada en el Código Civil, concretamente, en el Real Decreto de 24 de julio de 1889 por el que se publica el Código Civil.

El Código Civil regula una gran variedad de contratos y establece los principios generales del derecho contractual en España en su Libro cuarto (De las obligaciones y contratos) formado por los artículos del 1088 al 1975.

Sobre dicho Código Civil, cabe destacar cuatro aspectos fundamentales relacionados con el proceso de contratación privado:

- **Libertad de contratación:** el artículo 1255 del Código Civil indica: *los contratantes pueden establecer los pactos, cláusulas y condiciones que tengan por conveniente, siempre que no sean contrarios a las leyes, a la moral ni al orden público*. Es decir, las partes del contrato tienen libertad para negociar y establecer las cláusulas que ellos convengan, dentro del respeto a la Ley, a la moral y al orden público.

- **Consentimiento:** para que un contrato sea válido, se requiere el consentimiento libre y voluntario de ambas partes.
- **Objeto lícito y determinado:** el objeto del contrato debe ser legal y estar específicamente determinado o determinable.
- **Obligaciones de las partes:** el Código Civil establece las reglas generales sobre las obligaciones de las partes contratantes, como el cumplimiento de lo acordado y la indemnización por daños y perjuicios en caso de incumplimiento.

Actividades

3. ¿Cuáles serían las consecuencias de que una de las partes de un contrato firme en contra de su voluntad? ¿Sería válido el contrato?

Normativa mercantil aplicable

El derecho mercantil legisla las relaciones y actividades relacionadas con el comercio y los negocios.

Concretamente, se centra en la normativa que regula las transacciones comerciales, las operaciones de empresas, los contratos mercantiles y otros aspectos relacionados con la actividad económica y empresarial.

La normativa mercantil en España viene regulada en el Código de Comercio, concretamente, en el Real Decreto de 22 de agosto de 1885 por el que se publica el Código de Comercio.

A pesar de datar de 1885, es importante destacar que el Código de Comercio ha ido sufriendo modificaciones a lo largo del tiempo para adaptarse a los cambios continuos y necesidades del mundo empresarial.

Sabía que...

El Código de Comercio es la norma básica del derecho mercantil. No obstante, hay otras leyes que regulan determinados temas más específicos, como, por ejemplo, la Ley de Sociedades de Capital o la Ley de Contrato de Seguro, entre otras.

Respecto al derecho contractual privado, el Código de Comercio regula los contratos mercantiles y establece disposiciones específicas para ciertos tipos de contratos relacionados con las actividades comerciales entre empresas.

A pesar de que tiene un contenido muy amplio y variado relacionado con el comercio y los negocios, cabe destacar los siguientes aspectos fundamentales:

- **Contratos mercantiles:** el Código de Comercio establece disposiciones específicas para varios tipos de contratos mercantiles, como, por ejemplo, el contrato de compraventa mercantil, el contrato de seguro, el contrato de agencia y otros contratos típicamente comerciales.
- **Derecho sobre sociedades:** se regula la creación, organización, estructura y funcionamiento de las distintas sociedades existentes en la legislación vigente.
- **Comerciantes y empresarios:** el Código de Comercio incluye la definición de las obligaciones y responsabilidades de los comerciantes y empresarios en el desarrollo de actividad comercial.
- **Derecho comercial privado:** incluye las normas que determinan la ley aplicable en las distintas transacciones comerciales con elementos extranjeros y qué reglas deben regir para la jurisdicción y el reconocimiento de sentencias extranjeras.
- **Títulos valores:** el Código de Comercio regula las relaciones jurídicas que surgen de los títulos valores como los cheques, pagarés y letras de cambio.
- **Derecho de competencia:** se regula la competencia leal entre las empresas y, para ello, se establecen normas que previenen las prácticas monopolísticas y anticompetitivas.

- **Derecho de arbitraje comercial:** en caso de disputas y/o conflictos en asuntos comerciales, el Código de Comercio incluye disposiciones sobre el arbitraje comercial como forma de resolución de dichos conflictos.

En definitiva, el Código de Comercio es un instrumento que se utiliza como marco legal sólido y coherente para regular las actividades comerciales y empresariales en España, promoviendo, de este modo, la seguridad jurídica y un desarrollo económico próspero.

Actividades

4. Busque información adicional sobre los títulos valores, especialmente sus características, los distintos tipos que hay y las diferencias entre ellos.

4. Tipos de contratos: Compraventa. Franquicia. Intermediación comercial (Agencia. Comisión. Mediación). *Leasing y Renting. Factoring y Confirming.* Transporte. Seguro

Dentro del marco contractual privado, es imprescindible destacar que hay una gran variedad de tipos de contratos privados y estos pueden diferenciarse atendiendo a varias clasificaciones.

Así, algunas de las clasificaciones de los contratos privados más comunes podrían ser las siguientes:

Según su forma
- Verbal - Escrito

Continúa en página siguiente >>

<< Viene de página anterior

Según su validez
- Válido - Nulo - Anulable

Según su ejecución
- De ejecución inmediata - De ejecución diferida

Según su objeto
- De compraventa - De prestación de servicios - De arrendamiento - De préstamo - De trabajo - Etc.

Según el número de partes
- Bilateral - Multilateral

Según su contenido
- De comisión - De distribución - De franquicia

- Atendiendo a su **forma:**

  - **Verbales:** son aquellos contratos en los que el acuerdo se establece de manera oral entre las partes. Sin embargo, es recomendable contar con una evidencia escrita para evitar malentendidos sobre los términos de los mismos.

- **Escritos:** en este caso, los términos y condiciones del contrato se plasman por escrito y son firmados por las partes involucradas. Por lo general, aportan más seguridad y claridad en cuanto a la ejecución del contrato y a la resolución de disputas.

- Atendiendo a su **validez:**
  - **Válidos:** se trata de contratos que cumplen con todos los requisitos legales y son legalmente vinculantes.
  - **Nulos:** contrariamente a los contratos válidos, estos carecen de uno o más elementos esenciales para su validez y, por lo tanto, no tienen ningún tipo de efecto legal.
  - **Anulables:** en este caso, son contratos válidos, pero que pueden ser rescindidos por una de las partes, debido a ciertas circunstancias especiales, como, por ejemplo, el consentimiento viciado.

- Atendiendo al momento de su **ejecución:**
  - **Ejecución inmediata:** los términos de este tipo de contrato se cumplen de forma inmediata después de su formalización.
  - **Ejecución diferida:** los términos de los contratos de ejecución diferida, por el contrario, se cumplen en un momento posterior acordado por las partes en el mismo contrato.

- Según su **objeto:**
  - **Contratos de compraventa:** son contratos que hacen referencia a transacciones que involucran la transferencia de bienes a cambio de dinero.
  - **Contratos de prestación de servicios:** contratos que establecen la prestación de uno o varios servicios a cambio de una compensación.
  - **Contratos de arrendamiento:** se trata de contratos que establecen en su contenido el alquiler de bienes inmuebles o muebles por un período determinado.
  - **Contratos de préstamo:** aquellos que contienen acuerdos relativos a préstamos de dinero u otros bienes, que pueden ir con o sin intereses.

- **Contratos de trabajo:** establecen la relación laboral entre un empleador y un empleado.

Según el número de **partes:**

- **Bilaterales:** requieren el consentimiento y las obligaciones de dos partes.
- **Multilaterales:** involucran a más de dos partes, cada una con obligaciones específicas.

Según su contenido:

- **Contratos de comisión:** una parte (comitente) encarga a otra (comisionista) realizar ciertas acciones en su nombre.
- **Contratos de distribución:** establecen la relación entre un proveedor y un distribuidor que comercializa sus productos.
- **Contratos de franquicia:** permiten a un franquiciador otorgar a un franquiciado el derecho de operar un negocio bajo su marca y modelo de negocio.

Actividades

5. Busque ejemplos de contratos bilaterales y multilaterales.
6. Investigue en qué casos puede ser más conveniente un contrato de ejecución diferida que un contrato de ejecución inmediata.

Como se puede deducir de las distintas clasificaciones, la variedad de contratos privados es bastante numerosa.

No obstante, en los siguientes epígrafes se van a tratar los contratos privados más frecuentes en la actividad empresarial:

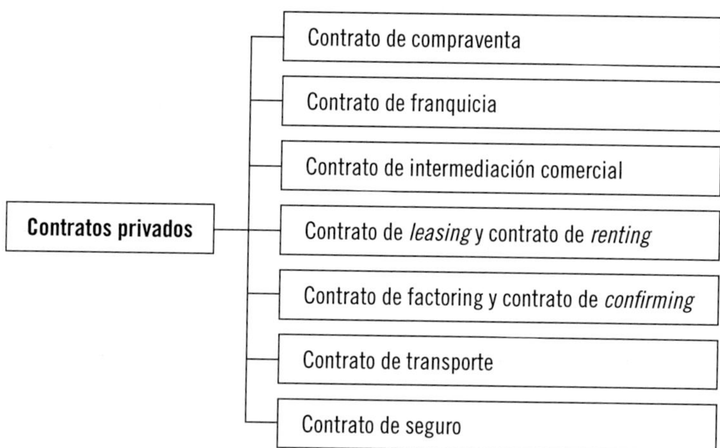

Aplicación práctica

María López quiere adquirir un vehículo para su uso personal a la empresa Coches Baratos, S. A. Indique qué tipo de contrato deben formalizar según el momento de su ejecución, su objeto, el número de partes, su validez y su forma, teniendo en cuenta que se presupone que el contrato va a ser completamente legal y válido y que la entrega del coche se va a realizar de forma inmediata.

SOLUCIÓN

María quiere comprar un coche a Coches Baratos, S. A. y, para ello, ambas partes tienen que formalizar la compra a través de un contrato.

El tipo de contrato a realizar sería como sigue:

- Según su forma: contrato escrito, ya que su complejidad y requisitos no recomiendan un contrato verbal.
- Según su validez: al presumir que el contrato será completamente legal, se trataría de un contrato válido.
- Según su ejecución: como la entrega del vehículo se va a producir inmediatamente, se trataría de un contrato de ejecución inmediata.
- Según su objeto: se trataría de un contrato de compraventa, ya que se está adquiriendo un vehículo.
- Según el número de partes: es un contrato bilateral, ya que el contrato se formalizará entre dos partes, María López y Coches Baratos, S. A.

Contrato de compraventa

Un contrato de compraventa es un acuerdo legal entre dos partes, el vendedor y el comprador, en el que se establecen los términos y condiciones bajo los cuales se transfiere la propiedad de un bien o se proporciona un servicio a cambio de una contraprestación.

Sabía que...

El Diccionario del Español Jurídico (DEJ) define el contrato de compraventa mercantil de la siguiente manera: *aquel contrato por el que uno de los contratantes, el vendedor, se obliga a entregar una cosa determinada a otro, el comprador, que a su vez se obliga a pagar por ella un precio cierto, en dinero o valor que lo represente.*

Este tipo de contrato es fundamental en el ámbito comercial y empresarial, ya que regula las transacciones comerciales más habituales y establece los derechos y obligaciones que tienen las partes involucradas.

El contrato de compraventa mercantil se encuentra regulado en los siguientes preceptos:

- **Código Civil:** en los artículos 1457-1459 se establece la capacidad de las partes (comprador y vendedor) para comprar y vender mediante un contrato de compraventa. No obstante, en varios artículos de dicho código se regulan aspectos tan relevantes como:
  - Garantías del vendedor
  - Ventas especiales
  - Obligaciones del comprador y del vendedor
  - Elementos reales del contrato de compraventa: precio y objeto del contrato

- **Código de Comercio:** la compraventa está regulada en el Título VI del Código de Comercio, que contiene los artículos del 325 al 348. Sin embargo, la compraventa mercantil está regulada en el artículo 325 del Código de Comercio. Concretamente, se indica: *Será mercantil la compraventa de cosas muebles para revenderlas, bien en la misma forma que se compraron o bien en otra diferente, con ánimo de lucrarse en la reventa.*

Los elementos básicos de un contrato de compraventa son los siguientes:

- **Partes:** en el contrato se especifica quiénes son el comprador y el vendedor, además de sus datos identificativos.
- **Descripción del bien/servicio**: se detalla con claridad qué bien se está vendiendo o qué servicio se va a prestar.
- **Precio:** se indica el precio acordado por el bien/servicio objeto del contrato de compraventa. El precio debe ser cierto y puede ser fijo o estar sujeto a condiciones específicas, como descuentos por cantidad o por pronto pago.
- **Forma de pago:** se especifica cómo se va a realizar el pago. Este puede realizarse en efectivo, mediante transferencia bancaria, tarjeta de crédito, cheque u otros medios de pago legales.
- **Condiciones de entrega:** en el caso de acordar una entrega de bienes, debe establecerse cuándo y de qué forma se va a producir la entrega de los mismos, incluyendo detalles como la dirección de entrega, un día/hora de entrega y los gastos de envío relacionados. En el caso de acordar una prestación de servicios, se detallará cómo se va a producir la prestación, además de la ubicación y el inicio de las actuaciones.
- **Plazos:** el contrato de compraventa puede establecer una fecha de entrega, en caso de compraventa de bienes, o un plazo máximo para la prestación del servicio. El establecimiento de estos pasos es fundamental para garantizar que las partes del contrato cumplan con sus obligaciones en tiempo y forma.
- **Garantías y responsabilidades en caso de incumplimiento:** además, para garantizar el cumplimiento bilateral del contrato, se pueden establecer compensaciones adicionales o, incluso, cláusulas relacionadas con garantías del producto, devoluciones, y responsabilidades en caso de incumplimiento o defectos en el bien o servicio.

- **Resolución de conflictos:** además, pueden establecerse mecanismos para la resolución de disputas, como la jurisdicción competente y si se recurrirá a la mediación o al arbitraje, en caso de desacuerdos.
- **Firma y fecha:** finalmente, se incluye la fecha en la que se firma el contrato y la firma (manuscrita o electrónica) de todas las partes para indicar su conformidad y aceptación de los términos estipulados.

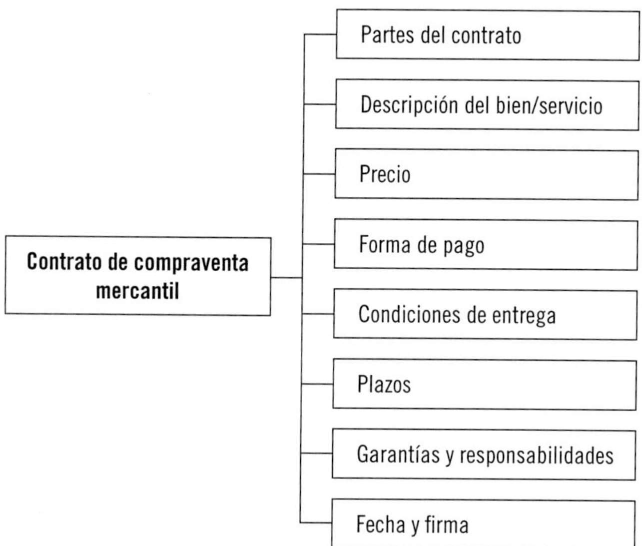

Aunque los contratos de compraventa mercantil pueden variar considerablemente según el bien/servicio que se vaya a entregar/prestar y lo que acuerden las partes, a continuación, se muestra un modelo tipo de contrato de compraventa facilitado por la Cámara de Comercio de Sevilla:

CONTRATO DE COMPRAVENTA

En _______________, a ______ de _______________ de ____

REUNIDOS

De una parte, D ________________________________, mayor de edad, vecino de ______________, domiciliado en ________________________, con documento nacional de identidad número ______________, en lo sucesivo denominada PARTE VENDEDORA o VENDEDOR, y

De otra parte, D ________________________________, mayor de edad, vecino de ______________, domiciliado en ________________________, con documento nacional de identidad número ______________, en lo sucesivo denominada PARTE COMPRADORA o COMPRADOR.

INTERVIENEN

Ambos comparecientes intervienen en su propio nombre y derecho.

(Si lo hicieran en representación se indicará D ________________________ en representación de la mercantil ______________________, S. A./S. L./etc., con domicilio en ______________ y NIF número ______________. En uso del poder otorgado ante D ______________, Notario de ______________ el ______________ de ______________ de mil novecientos ______________, bajo el número ______________ de los de su protocolo, y por medio del cual se halla facultado para ejercitar, entre otras, las siguientes facultades: ______________)

Se reconocen mutuamente con capacidad suficiente para otorgar el presente contrato y a tal fin,

Continúa en página siguiente >>

<< Viene de página anterior

EXPONEN

I. Que D ______________________ / ______________________ S. A., S. L., etc. es propietario de ______________ (bienes objeto del contrato), por título de ______________ (compraventa, donación, fabricación propia, etc.).

II. Que D ______________________ / ______________________ S. A., S. L., etc. Tiene interés en adquirir los bienes descritos en el ordinal precedente.

III. Que, por ello, ambas partes,

ACUERDAN

Llevar a efecto el presente **contrato de COMPRAVENTA MERCANTIL,** mediante las siguientes

CLAUSULAS

Primera. El objeto del presente contrato es la compraventa de ______________, que ______________ S. A. (en su caso) adquiere, de conformidad a lo previsto en sus estatutos en lo referente a su objeto social, para su uso ______________

Segunda. El precio del objeto de la compraventa es de ______________ (en letra) EUROS (______________ €), de conformidad para ambas partes.

Tercera. El bien objeto del contrato se entregará en ______________ el día ______________ de ______________ del corriente año, entre sus ______________ y sus ______________ horas, corriendo a cargo de la parte vendedora los gastos de dicho transporte.

Cuarta. El pago se efectúa en el presente acto mediante ______________ (metálico, cheque conformado n.º ______________ de la entidad ______________, etc.), cantidad que el vendedor declara haber recibido a su entera satisfacción, sirviendo el presente documento como carta de pago.

Continúa en página siguiente >>

<< Viene de página anterior

Quinta. El comprador declara expresamente haber reconocido el bien objeto del contrato dando su conformidad al mismo y liberando con ello al vendedor de su responsabilidad en materia de saneamiento por vicios ocultos o defectos de calidad o cantidad.

Sexta. Todos los gastos e impuestos que se originen como consecuencia de la formalización, cumplimiento o extinción del presente contrato y de las obligaciones que de él se deriven serán de cargo del comprador.

Séptima. El presente contrato tiene carácter mercantil, rigiéndose por sus propias cláusulas y, en lo en ellas no dispuesto, por lo previsto en el Código de Comercio, leyes especiales y usos mercantiles.

Octava. Ambas partes contratantes renuncian expresamente a su fuero sometiéndose a los Juzgados y Tribunales de _______________.

Y en prueba de conformidad con todo ello firman el presente documento por duplicado ejemplar y a un solo efecto en el lugar y fecha expresados en el encabezamiento.

El vendedor

Firmado: _______________

El comprador

Firmado: _______________

Actividades

7. Busque ejemplos de contratos de compraventa y compare su estructura con la de la plantilla de contrato facilitada en este epígrafe.
8. Proponga varios bienes que puedan ser objeto de un contrato de compraventa.

Aplicación práctica

María López ha adquirido el vehículo mencionado en la aplicación práctica 1 a Coches Baratos, S. A. y han formalizado el siguiente contrato de compraventa:

CONTRATO DE COMPRAVENTA

En Málaga, a 15 de diciembre de 2023

REUNIDOS

De una parte, Coches Baratos, S. A., domiciliado en Calle Real, 1 (Fuengirola), con número de identificación fiscal número A18563523, en lo sucesivo denominada PARTE VENDEDORA o VENDEDOR, y

De otra parte, D.ª María López, mayor de edad, vecino de Benalmádena, domiciliado en Calle Andalucía, 15, con documento nacional de identidad número 40652489M, en lo sucesivo denominada PARTE COMPRADORA o COMPRADOR.

INTERVIENEN

Ambos comparecientes intervienen en su propio nombre y derecho.

Se reconocen mutuamente con legitimación y capacidad suficiente para otorgar el presente contrato y a tal fin,

Continúa en página siguiente >>

<< Viene de página anterior

EXPONEN

I.- Que Coches Baratos, S. A., etc. es propietario del vehículo turismo con matrícula 6589LST (bienes objeto del contrato), por título de compraventa.
II.- Que Dª María López tiene interés en adquirir los bienes descritos en el ordinal precedente.
III.- Que por ello ambas partes,

ACUERDAN

Llevar a efecto el presente contrato de COMPRAVENTA MERCANTIL, mediante las siguientes

CLAUSULAS

- Primera. El objeto del presente contrato es la compraventa del vehículo turismo, que María López adquiere para su uso particular.
- Segunda. El precio del objeto de la compraventa es de quince mil quinientos EUROS (15.500 €), de conformidad para ambas partes.
- Tercera. El bien objeto del contrato se entregará en las instalaciones de Coches Baratos, S. A. (Fuengirola) el día 20 de diciembre del corriente año.
- Cuarta. Garantía del vehículo es de cinco años, contados a partir de la fecha de entrega del mismo.
- Quinta. El pago se efectúa en el presente acto mediante transferencia bancaria, cantidad que el vendedor declara haber recibido a su entera satisfacción, sirviendo el presente documento como carta de pago.
- Sexta. El comprador declara expresamente haber reconocido el bien objeto del contrato dando su conformidad al mismo y liberando con ello al vendedor de su responsabilidad en materia de saneamiento por vicios ocultos o defectos de calidad o cantidad.
- Séptima. Todos los gastos e impuestos que se originen como consecuencia de la formalización, cumplimiento o extinción del presente contrato y de las obligaciones que de él se deriven serán de cargo del comprador.
- Octava. En caso de incumplimiento del contrato por parte del comprador de sus obligaciones de pago, tendrá el carácter de condición resolutoria explícita; pudiendo la vendedora optar entre exigir el cumplimiento de la obligación o resolver automáticamente el Contrato de Compraventa presente.

Continúa en página siguiente >>

<< Viene de página anterior

- Octava. El presente contrato tiene carácter mercantil, rigiéndose por sus propias cláusulas y, en lo en ellas no dispuesto, por lo previsto en el Código de Comercio, leyes especiales y usos mercantiles.
- Novena. Ambas partes contratantes renuncian expresamente a su fuero sometiéndose a los Juzgados y Tribunales de Málaga.

Y en prueba de conformidad con todo ello firman el presente documento por duplicado ejemplar y a un solo efecto en el lugar y fecha expresados en el encabezamiento.

El vendedor
Firmado: Coches Baratos, S. A.

El comprador
Firmado: María López

Identifique en el contrato expuesto, los siguientes elementos:

- **El tipo de modelo de contrato (compraventa, franquicia, seguro, etc.).**
- **La legitimación de las partes contratantes.**
- **Las obligaciones de las partes.**
- **La fecha de entrega del producto objeto del contrato.**
- **Responsabilidades de las partes frente a incumplimientos.**
- **Plazo de garantía.**
- **Requisitos para el abono del precio del contrato y documentación acreditativa del mismo.**
- **Mencione, además, qué normativa (civil, mercantil) se aplicaría a este modelo de contrato.**

SOLUCIÓN

Los elementos del contrato solicitados en la aplicación práctica serían los siguientes:

- Modelo de contrato: contrato de compraventa.
- Legitimación de las partes contratantes: ambas partes están legitimadas para formalizar el contrato, tal como se indica en el apartado "Intervienen" del contrato.

Continúa en página siguiente >>

<< Viene de página anterior

- Obligaciones de las partes: María López está obligada a realizar el pago del vehículo (15.500 €) a través de transferencia, mientras que la empresa Coches Baratos, S. A. se obliga a entregar el vehículo, a cubrir la garantía del mismo y a asumir los costes inherentes al contrato.
- Fecha de entrega del producto objeto del contrato: 20 de diciembre de 2023.
- Responsabilidades de las partes frente a incumplimientos: si el comprador incumple el contrato, el vendedor puede resolverlo o exigir el pago del vehículo. Si el que incumple es el vendedor, este deberá abonar al comprador un 20 % del precio del vehículo (3.100 €).
- Plazo de garantía: cinco años.
- Requisitos para el abono del precio del contrato y documentación acreditativa: el comprador debe realizar el pago del contrato a través de transferencia bancaria, pudiendo aportar el justificante de la misma al vendedor.
- La normativa aplicable al contrato de compraventa, tal como se indica en el mismo, es el Código de Comercio, al tener carácter mercantil.

Contrato de franquicia

Un contrato de franquicia es un acuerdo legal y comercial entre dos partes: el franquiciador y el franquiciado. En este tipo de contrato, el franquiciador otorga al franquiciado el derecho de utilizar su marca, modelo de negocio, *know-how,* y apoyo continuo a cambio de pagos periódicos o iniciales y el cumplimiento de ciertas condiciones.

Sabía que...

Debido a la complejidad de este tipo de contratos, en ocasiones, las partes implicadas firman un precontrato de franquicia o de reserva de zona para garantizar la formalización final del mismo y avanzar en la realización de determinadas operaciones previas.

La Ley 7/1996, de 15 de enero, de Ordenación del Comercio Minorista, define la actividad comercial en régimen de franquicia como sigue:

La actividad comercial en régimen de franquicia es la que se lleva a efecto en virtud de un acuerdo o contrato por el que una empresa, denominada franquiciadora, cede a otra, denominada franquiciada, el derecho a la explotación de un sistema propio de comercialización de productos o servicios.

En definitiva, el contrato de franquicia constituye el acuerdo definitivo que establece los derechos y deberes del franquiciador y del franquiciado a lo largo de todo el período de la relación contractual, además de la intención de ambos de establecer una relación comercial a través del sistema de franquicia.

Para garantizar una relación comercial justa y fructífera, se recomienda que el franquiciado exija que las cláusulas del contrato expresen de manera clara y sin ambigüedades todas las responsabilidades que el franquiciador debe asumir, además de cumplir con los requisitos legales.

Importante

Las características legales del contrato de franquicia permiten que incluya una serie de cláusulas que, en otro tipo de contratos, harían nulo el contrato por estar causando perjuicios a la competencia.

Para que un contrato se califique como "contrato de franquicia", debe incluir necesariamente los siguientes elementos:

- Cesión de la marca del franquiciador al franquiciado.
- Transmisión del conocimiento o *know-how.*
- El franquiciador debe asistir al franquiciado continuamente durante todo el plazo de vigencia del contrato.

La estructura de un contrato de franquicia incluye, generalmente, los siguientes puntos:

- Derechos del franquiciador y del franquiciado.
- Bienes/servicios facilitados al franquiciado.
- Obligaciones del franquiciador y del franquiciado
- Si procede, condiciones de renovación del contrato.
- Duración del contrato y forma en la que el franquiciado va a amortizar las inversiones que requiere el contrato de franquicia.
- Posibilidades en las que se puede llevar a cabo la transferencia o la cesión de los derechos derivados del contrato. También se pueden incluir cláusulas de prioridad, en caso de que el franquiciado quiera adquirir los derechos.
- Modo de utilización de los símbolos del franquiciado por parte del franquiciador (logotipo, marca, distintivo, etc.).
- Cláusulas de rescisión del contrato.
- Cláusulas de recuperación de los elementos materiales o inmateriales por parte del franquiciador, si el contrato ha finalizado antes del plazo estipulado.

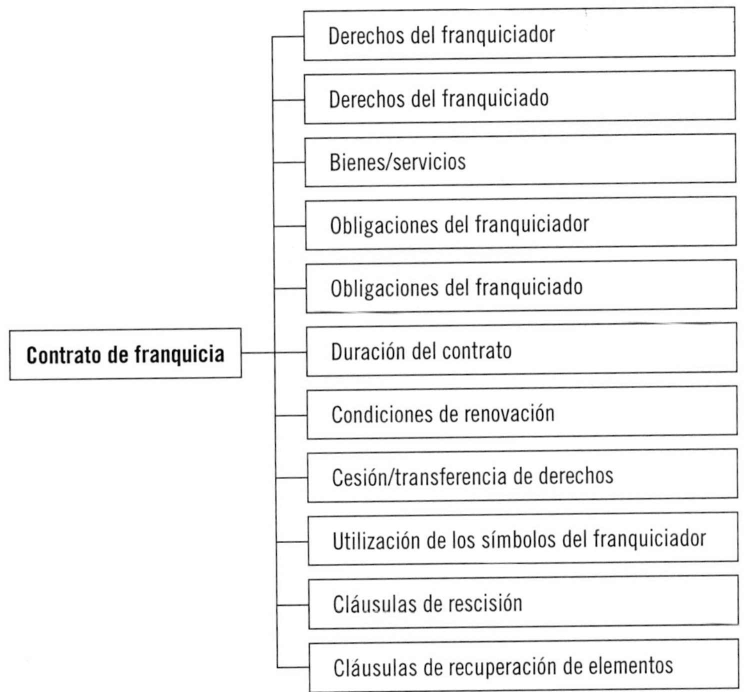

Actividades

9. ¿Cuáles son las principales obligaciones de un franquiciador y de un franquiciado en un contrato de franquicia?
10. Busque ejemplos de negocios de franquicias en su población. ¿Utilizan los símbolos del franquiciador?

Aplicación práctica

Sergio Alonso está evaluando la posibilidad de crear una franquicia de una famosa cadena de restauración. Para ello, ha contactado con el departamento de contratación de la cadena y le han facilitado el borrador del contrato de franquicia que deberían firmar para formalizar el acuerdo.

En dicho contrato aparece la siguiente información:

- **Cesión de la marca del franquiciador al franquiciado.**
- **Transmisión del conocimiento o *know-how*.**
- **El franquiciador debe asistir al franquiciado continuamente durante todo el plazo de vigencia del contrato.**
- **Derechos del franquiciador.**
- **Bienes/servicios facilitados al franquiciado.**
- **Obligaciones del franquiciado.**
- **Forma en la que el franquiciado va a amortizar las inversiones que requiere el contrato de franquicia.**
- **Posibilidades en las que se puede llevar a cabo la transferencia o la cesión de los derechos derivados del contrato. También se puede incluir cláusulas de prioridad en caso de que el franquiciado quiera adquirir los derechos.**
- **Modo de utilización de los símbolos del franquiciado por parte del franquiciador.**
- **Cláusulas de rescisión del contrato.**
- **Cláusulas de recuperación de los elementos materiales o inmateriales por parte del franquiciador, si el contrato ha finalizado antes del plazo estipulado.**

Continúa en página siguiente >>

<< Viene de página anterior

Analice los puntos incluidos en el borrador del contrato de franquicia e indique qué aspectos clave echa en falta y deberían incluirse.

SOLUCIÓN

Si se analizan los distintos puntos incluidos en el borrador del contrato de franquicia, se puede observar que se incluyen prácticamente todos los aspectos básicos.

No obstante, analizando punto por punto, se puede dar cuenta que faltan aspectos básicos como los siguientes:

- Derechos del franquiciado.
- Obligaciones del franquiciador.
- Condiciones de renovación del contrato.
- Duración del contrato.

Nótese que es imprescindible conocer cuánto va a durar el contrato, si hay posibilidades de renovar y sus condiciones, además de los derechos y obligaciones de todas las partes del contrato para no incurrir en situaciones de vulnerabilidad.

Contrato de intermediación comercial (agencia, comisión, mediación)

Un contrato de intermediación comercial es un acuerdo entre dos partes, el intermediario y el principal, en el que se establecen los términos y condiciones bajo los cuales el intermediario se compromete a promover y facilitar la venta de productos o servicios en nombre del principal.

Este tipo de contrato se utiliza para formalizar la relación entre una empresa (principal) que busca expandir sus ventas y un intermediario (agente, distribuidor, representante, etc.) que actúa como enlace entre el principal y los clientes potenciales.

Sabía que...

Los contratos de intermediación comercial son especialmente útiles en aquellos casos en los que una empresa quiere expandir sus negocios y llegar a nuevos mercados que no podría alcanzar por sí misma.

Los elementos fundamentales que incluye un contrato de intermediación son los siguientes:

- **Partes contratantes:** se distingue entre el principal (empresa que fabrica o proporciona los productos o servicios y busca aumentar sus ventas a través del intermediario) y el intermediario (persona o empresa que se compromete a promover y vender los productos o servicios del principal).
- **Objeto del contrato:** el intermediario se compromete a promover y/o vender los productos o servicios del principal en un área o territorio específico.
- **Derechos y obligaciones del intermediario**: se establecen las responsabilidades del intermediario, como promocionar y comercializar los productos o servicios del principal. Además, también pueden definirse los objetivos de ventas, territorios, cuotas, plazos, etc.
- **Compensación:** se especifica cómo se compensará al intermediario por sus servicios, generalmente en forma de comisiones o margen sobre las ventas realizadas.
- **Exclusividad:** si procede, se puede definir si el intermediario tendrá exclusividad en la promoción y venta de los productos o servicios en un área específica.
- **Confidencialidad y propiedad intelectual:** se pueden incluir disposiciones sobre la confidencialidad de la información comercial y la protección de los derechos de propiedad intelectual.
- **Duración y formas de finalización del contrato**: se establece la duración del contrato y las condiciones bajo las cuales cualquiera de las partes puede poner fin al contrato.
- **Jurisdicción y leyes aplicables:** se define la jurisdicción legal en caso de disputa y la ley que regirá el contrato.

- **Resolución de conflictos:** además, se pueden establecer mecanismos extrajudiciales para la resolución de disputas, como la mediación o el arbitraje.
- **Firma:** ambas partes deben firmar el contrato para indicar su aceptación de los términos y condiciones establecidos.

Aunque todos los contratos de intermediación comercial tienen una estructura básica similar, hay que señalar que, dentro de estos, hay varias modalidades contractuales y se emplea una u otra en función de las necesidades y la relación que tengan las partes involucradas.

Las modalidades contractuales de los contratos de intermediación comercial son las siguientes:

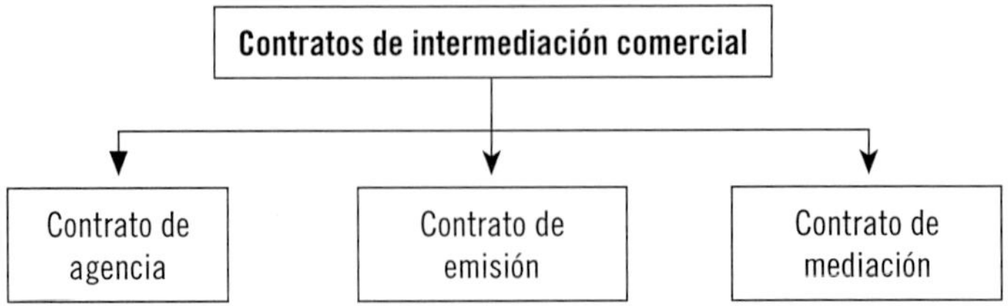

Contrato de agencia

En los contratos de agencia hay una persona o entidad (llamada agente comercial) que actúa como intermediario en nombre y por cuenta de otra empresa o persona (llamada principal).

Logotipo del Colegio de Agentes Comerciales de España

La Ley 12/1992, de 27 de mayo, sobre Contrato de Agencia, lo define del siguiente modo:

> *Por el contrato de agencia una persona natural o jurídica, denominada agente, se obliga frente a otra de manera continuada o estable a cambio de una remuneración, a promover actos u operaciones de comercio por cuenta ajena, o a promoverlos y concluirlos por cuenta y en nombre ajenos, como intermediario independiente, sin asumir, salvo pacto en contrario, el riesgo y ventura de tales operaciones.*

El objetivo del agente comercial consiste en promover, negociar y concluir contratos de compra y venta de productos y servicios en nombre del principal de forma prolongada. A cambio de sus servicios, el agente percibe una comisión u otro tipo de remuneración establecido en el contrato.

Importante

En los contratos de agencia es imprescindible que el agente sea independiente, es decir, no puede haber relación laboral entre el agente y el principal.

En otros términos, el agente comercial actúa en nombre y por cuenta del principal para promover y vender sus productos o servicios, sin asumir el riesgo de la transacción y, a cambio, recibe una comisión sobre las ventas realizadas (según lo estipulado en el contrato).

Contrato de comisión

En los contratos de comisión, una persona o entidad (llamada comisionista) actúa como intermediario para promover y vender bienes o servicios en nombre y por cuenta de otra persona o empresa (llamada comitente), percibiendo a cambio una comisión por cada operación realizada.

A diferencia de un contrato de agencia, en un contrato de comisión, puede realizar el contrato en nombre propio o en nombre de su comitente. En su lugar, el comisionista actúa como enlace entre el comitente y los clientes potenciales y facilita la transacción.

Importante

Mientras que un contrato de agencia se firma con la finalidad de establecer una relación continuada, el de comisión se realiza de forma puntual, en términos generales.

Contrato de mediación

En los contratos de mediación, una persona o entidad, (llamada mediador) alcanza un acuerdo con una o varias partes involucradas en una transacción comercial, con el propósito de facilitar la negociación y el cierre de un contrato entre esas partes.

El mediador actúa como intermediario neutral, asistiendo en la comunicación, negociación y coordinación entre las partes para lograr un acuerdo mutuamente beneficioso.

Nota

Los contratos de mediación también pueden denominarse contratos de corretaje.

A diferencia de otros contratos de intermediación comercial, en un contrato de mediación, el mediador no busca representar ni vender productos o servicios en nombre de ninguna de las partes.

En su lugar, su papel principal es facilitar la comunicación, resolver conflictos y ayudar a las partes a alcanzar un acuerdo satisfactorio. Es un contrato híbrido del contrato de agencia y el de comisión y no se encuentra regulado como tal en el Código de Comercio.

Actividades

11. Analice las diferencias entre un contrato de agencia, un contrato de comisión y un contrato de mediación.

Continúa en página siguiente >>

<< Viene de página anterior

12. En el capítulo se ha visto que existe un Colegio de Agentes Comerciales en España. Busque si existen colegios profesionales de mediadores o comisionistas.

Aplicación práctica

Silvia González, empleada de Materiales Salitox, S. A., que se dedica comercialización de distintos tipos de muebles, está estableciendo una serie de relaciones comerciales y tiene dudas sobre qué tipo de contratos formalizar.

Las relaciones comerciales que quiere establecer son las siguientes:

- **Primera: la empresa ha contactado con un proveedor de madera y está teniendo problemas para establecer un precio en sus productos. Para ello, Materiales Salitox y el proveedor han acordado buscar a una persona neutral que se encargue de mediar y encontrar un precio que satisfaga los intereses de ambas partes.**
- **Segunda: la empresa está buscando a una persona que actúe como intermediario para vender sus muebles a otros establecimientos comerciales a cambio de una comisión.**
- **Tercera: la empresa actúa solo a nivel nacional y está buscando a alguien que conozca el mercado francés y se encargue de expandir la actividad comercial de la empresa a Francia. Es decir, que busque distribuidores, establecimientos que vendan sus productos y que, en definitiva, cierre contratos de venta de sus productos a futuros clientes de forma prolongada.**

Indique qué tipo de contrato de intermediación comercial sería conveniente formalizar en cada tipo de relación.

SOLUCIÓN

Analizando las peculiaridades de cada relación comercial, Materiales Salitox debería formalizar los siguientes tipos de contratos:

- Primera relación comercial: contrato de mediación. Están buscando a una persona que actúe como intermediario neutral en la negociación de los precios de los productos, por lo que se trataría claramente de una mediación comercial.
- Segunda relación comercial: contrato de comisión. Buscan a una persona que se encargue de buscar futuros clientes que compren la mercancía de la empresa a cambio de una

Continúa en página siguiente >>

<< Viene de página anterior

comisión determinada (que puede ser fija, por cantidad o por importe de ventas), por lo que se estaría encuadrando en los preceptos de un contrato de comisión.

- Tercera relación comercial: contrato de agencia. La empresa está buscando expandirse hacia nuevos mercados (en este caso, Francia) y establecer relaciones comerciales estables, lo que encajaría perfectamente con un contrato de agencia.

Contrato de *leasing* y *renting*

Un contrato de *leasing,* también conocido como contrato de arrendamiento o *leasing* financiero, es un acuerdo mediante el cual una parte, conocida como arrendador o empresa de *leasing,* permite que otra parte, el arrendatario, utilice un bien, como equipo, maquinaria, vehículos o incluso inmuebles, a cambio de pagos periódicos durante un período específico.

A diferencia de un contrato de arrendamiento tradicional, en el contrato de *leasing,* el arrendatario tiene la opción de comprar el bien al final del contrato, generalmente, por un valor residual predeterminado.

Nota

Los contratos de *leasing* son ampliamente utilizados en las empresas, ya que permiten adquirir bienes y equipos sin tener que realizar una inversión inicial significativa.

Cabe destacar tres tipos distintos de *leasing:*

- ***Leasing* mobiliario:** los bienes objeto del contrato son bienes muebles como, por ejemplo, vehículos, mobiliario de oficina o maquinaria rodante, entre otros.

- ***Leasing* inmobiliario:** el bien objeto del contrato es un inmueble. Lo habitual es que una sociedad de *leasing* adquiera el inmueble a un tercero y que este reforme o construya el inmueble atendiendo a las necesidades del cliente.
- ***Leasing* operativo (o *renting*):** se caracteriza porque los bienes objeto del contrato suelen ser bienes muebles de rápida obsolescencia, además de no tener opción de compra. El proveedor se compromete a sustituir el bien objeto del contrato en una fecha pactada o cuando se queda obsoleto.

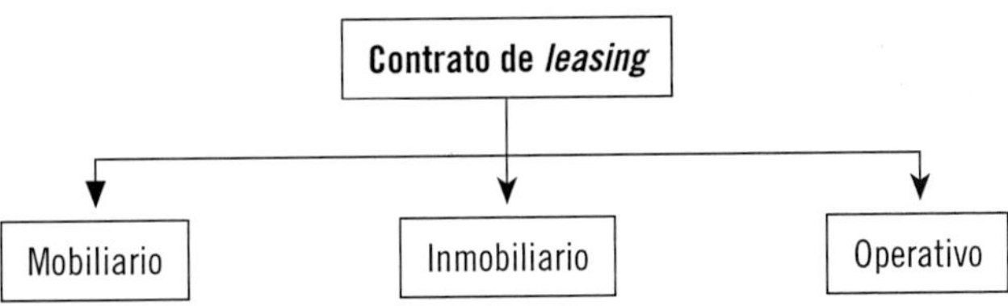

Actividades

13. Analice las principales similitudes y diferencias de los distintos tipos de leasing que se han visto en este apartado. Ponga un ejemplo de cada uno de ellos.

Contrato de renting

El *renting* (o *leasing* operativo) es una modalidad de *leasing* en la que no hay opción de compra, debido a la rápida obsolescencia del producto objeto del contrato.

En el contrato de *renting* una empresa o individuo (el arrendatario) alquila un activo, como vehículos, equipo o maquinaria, por un período prolongado, a cambio de pagos mensuales o periódicos.

A diferencia de otros contratos de alquiler o *leasing,* en uno de *renting,* el arrendador se hace cargo de aspectos como el mantenimiento, el seguro y otros servicios relacionados con el activo durante el plazo del contrato.

Las características principales de este tipo de contrato son las siguientes:

- **Contrato temporal:** el arrendatario utiliza el activo durante un período específico, que suele ser a largo plazo.
- **Servicios incluidos:** se incluyen servicios como mantenimiento, reparaciones, seguro y, en algunos casos, sustitución del activo en caso de averías graves.
- **Sin opción de compra:** al final del contrato de *renting,* el arrendatario no tiene la obligación de comprar el activo. Puede devolverlo al arrendador o, en algunos casos, renovar el contrato con un activo más nuevo.
- **Flexibilidad:** ofrece flexibilidad en términos de duración y tipo de activo. Es muy habitual en el arrendamiento operativo de flotas de vehículos, equipos tecnológicos y maquinaria industrial.
- **Pago fijo:** los pagos mensuales suelen ser fijos durante la duración del contrato, lo que permite a las empresas realizar una planificación financiera más fiable.
- **Beneficios fiscales:** este tipo de contrato suele tener beneficios fiscales, tanto en el Impuesto sobre la Renta de las Personas Físicas como en el Impuesto sobre el Valor Añadido.
- **Responsabilidad limitada:** el arrendatario no asume la propiedad del activo ni las responsabilidades a largo plazo asociadas con la propiedad.
- **Finalización del contrato:** al final del contrato, el arrendatario devuelve el activo al arrendador, mientras que el arrendador se encarga de la disposición o reventa del activo.

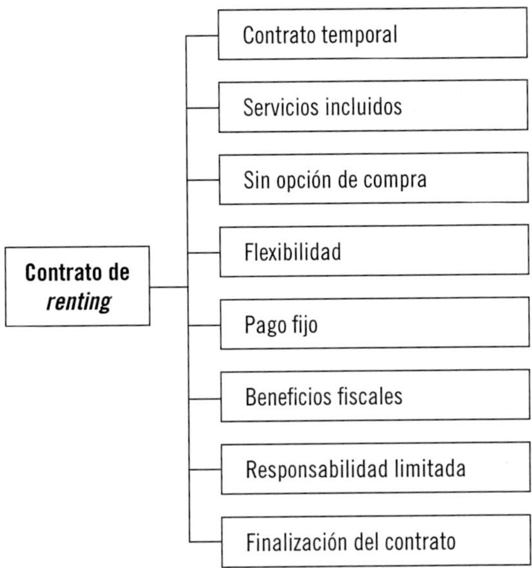

En definitiva, el contrato de *renting* es muy utilizado en la industria empresarial, debido a sus ventajas en términos de costes, flexibilidad y mantenimiento.

Permite a las empresas disponer de activos importantes sin tener que asumir los costes y los riesgos de una propiedad a largo plazo.

Actividades

14. Busque información adicional sobre los beneficios fiscales para las empresas con la firma de un contrato de *renting*.
15. ¿Cuáles serían los principales inconvenientes de un contrato de *renting?* ¿Por qué no tienen opción de compra?

Contrato de *factoring*

Un contrato de *factoring* es un acuerdo mediante el cual una empresa (llamada "empresa cedente" o "cliente") vende sus facturas pendientes de cobro a una entidad financiera o a una empresa especializada (llamada "factor") a cambio de un anticipo de dinero.

En otras palabras, en un contrato de *factoring* una empresa cede, total o parcialmente, la gestión de la cartera de sus clientes con los que tiene facturas pendientes de cobro a una entidad financiera o a una sociedad de *factoring.*

Estas sociedades están especializadas en cobrar estas facturas y anticipan el cobro efectivo de las mismas a la empresa que ha contratado sus servicios a cambio de una serie intereses y comisiones.

Hay dos tipos de *factoring:*

- ***Factoring* sin recurso:** la empresa cede sus créditos de cobro a la entidad financiera y esta asume los riesgos de posibles impagos. Eso sí, previamente la entidad financiera estudiará la solvencia de la empresa o persona que debe realizar el pago y, por ello, se generarán unas comisiones e intereses bastante elevados, debido al riesgo que se asume.
- ***Factoring* con recurso:** en este caso, la empresa que contrata el servicio de *factoring* no cede el riesgo de impago, por lo que, si la empresa deudora no realiza el pago, esta deberá asumir el impago y llevar a cabo las acciones legales pertinentes para cobrarlo. La sociedad de *factoring* no asume ningún riesgo y, por ello, los costes asociados a las operaciones (intereses y comisiones) son considerablemente inferiores.

Nota

El contrato de *factoring* es una herramienta financiera de gran utilidad para aquellas empresas que tienen problemas de efectivo, ya que, a cambio de un coste determinado, pueden cobrar anticipadamente sus facturas pendientes.

Contrato de *confirming*

El contrato de *confirming* o contrato de servicio de pagos a proveedores es un acuerdo entre una empresa (llamada "ordenante" o "cliente") y una entidad financiera (llamada "confirmador" o "entidad de *confirming*"), en el que la empresa ordenante delega la gestión y el pago de las facturas pendientes a sus proveedores a la entidad de *confirming*.

Es decir, la empresa ordenante cede a la entidad de *confirming* la gestión de las obligaciones de pago que tiene con sus proveedores.

La entidad de *confirming* llevará a cabo los pagos en nombre del ordenando, de modo que se asegura a los proveedores el cobro de sus facturas, a la vez que se les da la posibilidad de anticipar el cobro de estas antes de su vencimiento.

Cuando se formaliza un contrato de *confirming*, la entidad financiera (entidad de *confirming*) informa a los proveedores de que el cliente ha dado la orden de pagar una cantidad determinada en una fecha concreta.

Cuando el proveedor recibe dicha comunicación, caben dos posibilidades:

- Que la entidad de *confirming* lleve a cabo el anticipo del cobro, asumiendo el riesgo de impago de la misma. En este caso, el proveedor tendrá asegurado el cobro de su factura, pero, a cambio, deberá aceptar determinadas condiciones contractuales.
- Que la entidad de *confirming* no lleve a cabo el anticipo del cobro. En este caso, cuando llegue el vencimiento de la factura, la entidad de *confirming* realizará el pago al proveedor.

Nota

Los contratos de *confirming* son muy útiles para empresas que tienen una actividad económica importante, ya que se reduce significativamente la carga administrativa que deben asumir al ceder la gestión de sus pagos a otra entidad.

Contrato de transporte

El contrato de transporte se encuentra regulado, principalmente, en la Ley 15/2009, de 11 de noviembre, del contrato de transporte terrestre de mercancías.

De hecho, el artículo 2 define el contrato de transporte como sigue:

> *El contrato de transporte de mercancías es aquél por el que el porteador se obliga frente al cargador, a cambio de un precio, a trasladar mercancías de un lugar a otro y ponerlas a disposición de la persona designada en el contrato.*

Se distinguen cuatro sujetos implicados en el contrato de transporte:

- **Cargador:** aquel que contrata en nombre propio el servicio de transporte.
- **Porteador:** sujeto que se obliga a efectuar el transporte determinado en el contrato. Puede realizarlo con sus propios medios o contratar a otros sujetos para su realización.
- **Destinatario:** persona que va a recibir la mercancía. Es decir, el porteador debe entregar las mercancías al destinatario en el lugar de destino determinado en el contrato.
- **Expedidor:** sujeto que hace entrega de las mercancías al transportista en el lugar de recepción de la misma, todo ello por cuenta del cargador.

Aparte de los sujetos, para comprender las diferentes partes del contrato de transporte, es necesario tener claros los siguientes conceptos:

- **Bulto:** el artículo 7 de la Ley de transporte define el bulto de la siguiente manera: *cada unidad material de carga diferenciada que forman las mercancías objeto de transporte, con independencia de su volumen, dimensiones y contenido.*
- **Envío o remesa:** el mismo artículo, define el envío o remesa así: *la mercancía que el cargador entregue simultáneamente al porteador para su transporte y entrega a un único destinatario, desde un único lugar de carga a un único lugar de destino.*

El contrato de transporte puede incluir la realización de un solo envío o de varios de ellos.

Respecto a la forma del contrato, la Ley 15/2009, de 11 de noviembre, del contrato de transporte terrestre de mercancías, en su artículo 10, indica que cualquier parte del contrato puede exigir a la otra parte la extensión de una **carta de porte.**

Definición

Carta de porte
Documento que incluye toda la información relativa al transporte que se va a realizar.

El artículo 10 de la Ley de transporte indica que la carta de transporte debe incluir, obligatoriamente, los siguientes aspectos:

- Lugar y fecha de la emisión.
- Nombre y dirección del cargador y, en su caso, del expedidor.
- Nombre y dirección del porteador y, en su caso, del tercero que reciba las mercancías para su transporte.
- Lugar y fecha de la recepción de la mercancía por el porteador.
- Lugar y, en su caso, fecha prevista de entrega de la mercancía en destino.
- Nombre y dirección del destinatario, así como eventualmente un domicilio para recibir notificaciones.
- Naturaleza de las mercancías, número de bultos y signos y señales de identificación.
- Identificación del carácter peligroso de la mercancía enviada, así como de la denominación prevista en la legislación sobre transporte de mercancías peligrosas.
- Cantidad de mercancías enviadas, determinada por su peso o expresada de otra manera.
- Clase de embalaje utilizado para acondicionar los envíos.

- Precio convenido del transporte, así como el importe de los gastos previsibles relacionados con el transporte.
- Indicación de si el precio del transporte se paga por el cargador o por el destinatario.
- En su caso, declaración de valor de las mercancías o de interés especial en la entrega, de acuerdo con lo dispuesto en el artículo 61.
- Instrucciones para el cumplimiento de formalidades y trámites administrativos preceptivos en relación con la mercancía.

Asimismo, el mismo artículo manifiesta que la carta de porte puede contener cualquier otra información convenida entre las distintas partes del contrato, como, por ejemplo, las siguientes:

- La referencia expresa de prohibición de transbordo.
- Los gastos que el remitente toma a su cargo.
- La suma del reembolso a percibir en el momento de la entrega de la mercancía.
- El valor declarado de la mercancía y la suma que representa el interés especial en la entrega.
- Instrucciones del remitente al transportista concernientes al seguro de las mercancías.
- El plazo convenido en el que el transporte ha de ser efectuado.
- La lista de documentos entregados al transportista.

Nota

Si un contrato de transporte incluye una serie de envíos, deberá emitirse una carta de porte para cada uno de ellos.

Un ejemplo de carta de porte podría ser el siguiente:

DOCUMENTO DE CONTROL DE LOS ENVÍOS DE TRANSPORTE PÚBLICO DE MERCANCÍAS

DOCUMENTO DE CONTROL: Orden FOM/2861/2012 de 13 de diciembre (BOE 5 de enero de 2013), que deroga la orden FOM 238/2003

CARTA DE PORTE NACIONAL

Nº

CP

En caso de mercancías peligrosas indicar, además de la certificación reglamentaria en la última línea del cuadro: la clase, la cifra y en su caso la letra.

A rellenar bajo la responsabilidad del remitente 1-15 ambos inclusive y 19+21+22 Los recuadros en línea gruesa deben ser rellenados por el portador

1 ☐Remitente (nombre, CIF, domicilio país)
☐Cargador Contractual (nombre, domicilio y CIF o DNI)

Operador de transporte (nombre, CIF, domicilio, país)

2 Consignatario (nombre, CIF, domicilio

16 Lugar de entrega de la mercancía (lugar, país)

3 Lugar de entrega de la mercancía (lugar, país)

Vehículo

17 Porteadores sucesivos (nombre, CIF, domicilio, país)

4 Lugar y fecha de carga de la mercancía (lugar, país)

5 Documentos anexos

18 Reservas y observaciones del porteador
LAS PARTES INTERVINIENTES EN ESTE CONTRATO CON RENUNCIA A SU PROPIO FUERO, SE SOMENTE EXPRESAMENTE A LA JUNTA ARBITRAL DEL TRANSPORTE DE ESTA PROVINCIA CUALQUIERA QUE SEA LA CUANTÍAS DE LA CONTROVERSIA

6 Marca y números	7 Número de bultos	8 Clases de embalaje	9 Naturaleza de la mercancía	10 Nº Estadístico	11 Peso bruto kgs.	12 Volumen m³

13 Instrucciones del remitente

13 Estipulaciones particulares
LAS PARTES INTERVINIENTES EN ESTE CONTRATO SE SOMENTEN EXPRESAMENTE A LA JUNTA ARBITRAL DEL TRANSPORTE DE ESTA PROVINCIA, INCLUSO EN CONTROVERSIAS QUE EXCEDAN DE 3.000 €

20 A pagar por:	Remitente	Moneda	Consignatario
Precio del transporte			
Descuentos			
Líquido/Balance			
Suplementos:			
Gastos accesorios			
TOTAL:			

14 Forma de pago
☐Porte pagado
☐Porte debido

15 Formalizado en 200

15 Reembolso

22

Lugar de entrega de la mercancía (lugar, país)

23

Firma y sello del transportista

24 Recibo de la mercancía

Lugar a 20

Firma y sello del consignatario

Ejemplo de carta de porte de un contrato de transporte

Tipos de contratos de transporte

Los contratos de transporte se pueden clasificar atendiendo al medio de transporte utilizado o al tipo de mercancía objeto del contrato.

Según el medio de transporte empleado, estos contratos se pueden clasificar de la siguiente manera:

- **Contrato de transporte terrestre:** la mercancía se transporta en camiones, autobuses o ferrocarriles.
- **Contrato de transporte marítimo:** la mercancía se transporta en barco.
- **Contrato de transporte aéreo:** la mercancía se transporta en avión.
- **Contrato de transporte multimodal:** la mercancía se transporta empleando varios medios de transporte (por ejemplo, terrestre, marítimo y aéreo).

Por otra parte, atendiendo al tipo de mercancía objeto del contrato, estos se clasifican así:

- **Contrato de transporte de pasajeros:** se transportan personas.
- **Contrato de transporte de carga peligrosa:** se trata de un contrato específico para las mercancías peligrosas, que requiere cumplir con una serie de regulaciones y condiciones especiales.
- **Contrato de transporte por tubos o tuberías:** se transportan líquidos o gases a través de tubos/tuberías.
- **Contrato de transporte de bienes inmuebles:** se transportan bienes inmuebles de una ubicación a otra. Se trata básicamente de un contrato de mudanza.

Actividades

16. Con un motor de búsqueda como *Google,* busque algún ejemplo de contrato de transporte y analice si tiene todo el contenido obligatorio descrito en este apartado.

Aplicación práctica

La empresa Materiales Salitox, S. A., que se dedica a la comercialización de distintos tipos de bienes y tiene su almacén en Almería, va a vender una serie de muebles y tiene que entregarlos en las ubicaciones que se describen a continuación:

- **Mesa de comedor: Madrid**
- **Conjunto de sillas de comedor: Australia**
- **Canapé: Palma de Mallorca**
- **Mesa de escritorio: Villafranca de Bonany (Islas Baleares)**

Teniendo en cuenta la ubicación de las entregas, indique qué tipo de contrato de transporte procedería formalizar en cada tipo de producto.

SOLUCIÓN

Según la ubicación de la entrega de la mercancía, habrá que formalizar un tipo de contrato de transporte u otro. De este modo, los contratos a formalizar para cada producto serían los siguientes:

- Mesa de comedor: contrato de transporte terrestre, ya que el producto se puede transportar por carretera o ferrocarril.
- Conjunto de sillas de comedor: se tiene que entregar a una ubicación muy lejana, por lo que se recomienda realizar el transporte por avión y, por tanto, formalizar un contrato de transporte aéreo.
- Canapé: tiene que entregarse a una ciudad con puerto ubicada en las Islas Baleares, por lo que el transporte se puede realizar en barco. Por ello, el contrato de transporte sería marítimo.
- Mesa de escritorio: en este caso, la entrega tiene que realizarse también a las Islas Baleares, pero la ciudad de destino está ubicada en el interior y, por tanto, no tiene puerto. Procede un contrato de transporte multimodal, ya que el transporte se realizaría en barco y, una vez en la isla, por carretera.

Contrato de seguro

El contrato de seguro está regulado en la Ley 50/1980, de 8 de octubre, de Contrato de Seguro.

En su artículo primero, se define el contrato de seguro como sigue:

El contrato de seguro es aquel por el que el asegurador se obliga, mediante el cobro de una prima y para el caso de que se produzca el evento cuyo riesgo es objeto de cobertura a indemnizar, dentro de los límites pactados, el daño producido al asegurado o a satisfacer un capital, una renta u otras prestaciones convenidas.

En otras palabras, el contrato de seguro lo firman el asegurador (una compañía de seguros) y el asegurado para cubrir económicamente una serie de riesgos del asegurado a cambio de una cantidad (llamada prima) determinada.

Los elementos fundamentales de un contrato de seguro son los siguientes:

- **Partes contratantes:**
  - **Asegurador:** la compañía de seguros que emite la póliza y asume el riesgo de compensar al asegurado en caso de pérdida.
  - **Tomador de la póliza:** la persona o entidad que compra la póliza de seguro y está cubierta por los beneficios y protecciones establecidos en la misma.
  - **Beneficiario:** persona que percibirá el capital o renta asegurados en caso de producirse un siniestro.
- **Cobertura y riesgos cubiertos:** la póliza detalla los riesgos y eventos específicos que están cubiertos por el seguro. Puede incluir accidentes, enfermedades, daños a la propiedad, responsabilidad civil, entre otros.
- **Prima:** el tomador paga una prima, que es el coste del seguro, generalmente en pagos periódicos (mensuales, trimestrales, anuales).
- **Suma asegurada:** es la cantidad máxima que el tomador pagará al asegurado en caso de una pérdida cubierta.
- **Franquicia:** es la cantidad que el asegurado debe pagar de su propio bolsillo antes de que la compañía de seguros comience a pagar en caso de pérdida.
- **Período de cobertura:** la póliza establece el período durante el cual el seguro es efectivo, conocido como el período de cobertura.

- **Exclusiones:** la póliza también especifica lo que no está cubierto por el seguro, conocido como exclusiones.
- **Condiciones y obligaciones:** la póliza puede detallar las condiciones que el asegurado debe cumplir para mantener la cobertura y las obligaciones que debe cumplir en caso de una pérdida.
- **Reclamaciones:** establece los procedimientos y requisitos para presentar una reclamación y recibir el pago en caso de una pérdida cubierta.
- **Renovación y cancelación:** la póliza puede detallar los términos de renovación automática y las condiciones bajo las cuales tanto el asegurado como el asegurador pueden cancelar el contrato.

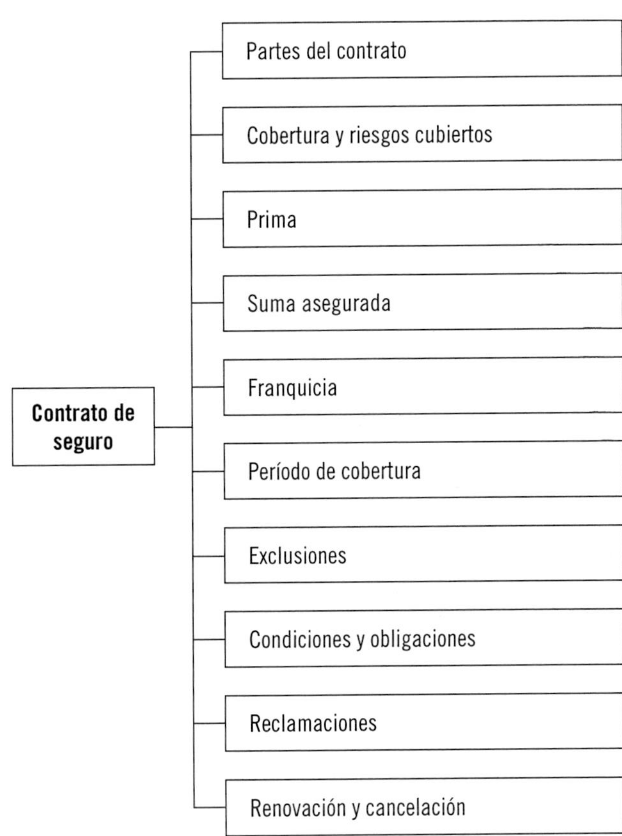

Por otra parte, el artículo 8 de la Ley 50/1980, de 8 de octubre, de Contrato de Seguro, establece que un contrato de seguro debe contener, como mínimo, las siguientes indicaciones:

- *Nombre y apellidos o denominación social de las partes contratantes y su domicilio, así como la designación del asegurado y beneficiario, en su caso.*
- *El concepto en el cual se asegura.*
- *Naturaleza del riesgo cubierto, describiendo, de forma clara y comprensible, las garantías y coberturas otorgadas en el contrato, así como respecto a cada una de ellas, las exclusiones y limitaciones que les afecten destacadas tipográficamente.*
- *Designación de los objetos asegurados y de su situación.*
- *Suma asegurada o alcance de la cobertura.*
- *Importe de la prima, recargos e impuestos.*
- *Vencimiento de las primas, lugar y forma de pago.*
- *Duración del contrato, con expresión del día y la hora en que comienzan y terminan sus efectos.*
- *Si interviene un mediador en el contrato, el nombre y tipo de mediador.*

4.1. Análisis de las partes contratantes: legitimación, obligaciones

El artículo 1254 del Código Civil establece lo siguiente: *el contrato existe desde que una o varias personas consienten en obligarse, respecto de otra u otras, a dar alguna cosa o prestar algún servicio.*

No obstante, para que un contrato se considere válido, este deberá cumplir los siguientes requisitos:

- Debe haber un consentimiento por parte de los contratantes: atendiendo al artículo 1262 del Código Civil: *el consentimiento se manifiesta por el concurso de la oferta y de la aceptación sobre la cosa y la causa que han de construir el contrato.* Es decir, se produce el consentimiento desde que el oferente del contrato conoce que la otra parte ha aceptado las condiciones del mismo, normalmente a través de la firma.

- El objeto materia del contrato debe ser cierto: forman parte del objeto del contrato todos aquellos bienes o servicios a los que este hace referencia. Para que el contrato sea válido, el objeto del mismo debe ser real, existente y verificable en el momento en el que se firma el contrato.
- Debe existir una causa de la obligación que se establezca en el mismo contrato, es decir, debe haber una razón legítima y justificada para que las partes asuman las obligaciones establecidas en el contrato. Debe haber una motivación legalmente aceptable detrás de las obligaciones y acuerdos establecidos en el contrato.

Respecto a las partes contratantes, es imprescindible que estas estén legitimadas. La legitimación de las partes en un contrato mercantil se refiere a la capacidad legal y la autoridad que tienen las personas o entidades que participan en el contrato para llevar a cabo las obligaciones y compromisos establecidos en el mismo.

En otras palabras, se trata de asegurar que las partes involucradas en el contrato tienen la capacidad legal y la autorización adecuada para estar vinculadas por los términos del contrato.

En este sentido, la ley considera que toda persona física es capaz legalmente, salvo aquellas que la ley declara o considera de forma expresa incapaces.

Respecto a las personas jurídicas, estas tendrán capacidad legal si están debidamente constituidas y autorizadas para participar en contratos.

Obligaciones de las partes

Aunque ya se han ido mencionando las obligaciones de las partes de los contratos en cada una de ellas, a continuación, se van a enumerar resumidamente, diferenciando entre contratante y contratista.

Respecto a las obligaciones del contratante, cabe destacar las siguientes:

- **Pago:** cumplir con el compromiso de pagar la suma acordada en el contrato. Esto podría incluir pagos iniciales, pagos periódicos, pagos a plazos, etc.

- **Aceptar la entrega**: si el contrato involucra la entrega de bienes, el comprador tiene la obligación de aceptar y recibir los bienes de acuerdo con las condiciones acordadas.
- **Cumplimiento de condiciones:** cumplir con todas las condiciones y requisitos establecidos en el contrato, como plazos, calidad, cantidad, etc.
- **Confidencialidad:** si el contrato implica la revelación de información confidencial, el comprador podría tener la obligación de mantener esa información en secreto.
- **Cooperación:** cooperar con el vendedor u otra parte para facilitar el cumplimiento del contrato.

En cuanto a las obligaciones del contratista, las siguientes son las más relevantes y básicas:

- **Entrega:** entregar los bienes o completar los servicios de acuerdo con las especificaciones y plazos acordados en el contrato.
- **Calidad y cumplimiento:** garantizar que los bienes entregados o los servicios prestados cumplan con los estándares de calidad y las condiciones acordadas.
- **Garantía:** proporcionar garantías, si es necesario, sobre la calidad y el rendimiento de los bienes o servicios entregados.
- **Cooperación:** colaborar con el comprador u otra parte para cumplir con las obligaciones contractuales.
- **Confidencialidad:** mantener la confidencialidad de la información sensible compartida en el contexto del contrato.
- **Documentación:** proporcionar cualquier documentación o certificación requerida en el contrato.

4.2. Contenido: Cláusulas fundamentales

Aunque las cláusulas pueden variar dependiendo del tipo de contrato que se trate, hay varias de ellas que se consideran fundamentales para que este sea válido.

Las cláusulas fundamentales recomendables de los contratos son las siguientes:

- **Identificación de las partes:** establece quiénes son las partes contratantes, incluyendo sus nombres legales completos, direcciones y detalles de contacto.
- **Objeto del contrato:** describe detalladamente el objeto o propósito del contrato, especificando lo que se va a comprar, vender, entregar o realizar bajo el contrato.
- **Precio y forma de pago:** estipula el precio acordado y la forma en que se realizarán los pagos (por ejemplo, montos, plazos, métodos de pago aceptados).
- **Entrega o prestación de servicios:** detalla cómo se llevará a cabo la entrega de bienes o la prestación de servicios, incluyendo plazos, ubicación y cualquier otro detalle relevante.
- **Garantías y responsabilidad:** especifica las garantías ofrecidas por el vendedor o contratista, así como las responsabilidades en caso de incumplimiento, defectos o daños.
- **Resolución de disputas:** establece cómo se resolverán las disputas que puedan surgir, ya sea a través de negociaciones, mediación, arbitraje o litigio.
- **Cumplimiento legal:** indica que ambas partes deben cumplir con las leyes y regulaciones aplicables al contrato y a su industria.
- **Confidencialidad:** obliga a las partes a mantener la confidencialidad de la información compartida en el contexto del contrato.
- **Duración y terminación:** determina la duración del contrato y las condiciones bajo las cuales cualquiera de las partes puede dar por terminado el acuerdo.
- **Legislación aplicable:** establece qué leyes regirán el contrato y en qué jurisdicción se resolverán las disputas legales.
- **Modificaciones del contrato:** define cómo se pueden realizar modificaciones al contrato y qué procedimientos deben seguirse.
- **Causas de fuerza mayor:** describe cómo se manejarán situaciones imprevistas o eventos fuera del control de las partes que puedan afectar el cumplimiento del contrato.

4.3. Cumplimiento y causas de resolución del contrato

Los contratos pueden darse por terminados por varios motivos:

- Por mutuo acuerdo de finalización de la relación.
- Por haberse satisfecho el objeto del contrato, las contraprestaciones económicas pertinentes y haberse finalizado todas las obligaciones asumidas por todas las partes del contrato.
- Por haberse alcanzado la fecha pactada para la terminación del contrato.
- Por renuncia o desistimiento unilateral del contrato. Este hecho puede darse por voluntad de alguna de las partes o por un incumplimiento contractual de alguna de las partes.

De hecho, si se produce algún incumplimiento de contrato por alguna de las partes, pueden darse varias circunstancias:

- La parte perjudicada puede solicitar el cumplimiento del contrato.
- La parte perjudicada puede solicitar la resolución del contrato, mediante el desistimiento del mismo.
- Solicitar la resolución del contrato, aunque inicialmente el afectado haya optado dar margen a la otra parte para alcanzar el cumplimiento del mismo.
- Optar por un mecanismo de mediación o arbitraje para alcanzar un acuerdo sobre cómo alcanzar el cumplimiento del contrato o cómo resolverlo.
- Exigir las contraprestaciones estipuladas en el contrato en caso de incumplimientos.

Nota

Además de solicitar el cumplimiento o la resolución de un contrato, la parte perjudicada del incumplimiento contractual puede solicitar una contraprestación para compensar los daños e, incluso, una serie de intereses.

4.4. Normativa aplicable

Aunque ya se han ido comentando a lo largo del capítulo las distintas leyes y reglamentos que intervienen en los tipos de contrato, a continuación, se muestra una tabla resumen de la normativa aplicable en los contratos mercantiles:

Contratos privados: Legislación
Real Decreto de 24 de julio de 1889 por el que se publica el Código Civil.
Real Decredo de 22 de agosto de 1885 por el que se publica el Código de Comercio.
Ley 7/1996, de 15 de enero, de Ordenación del Comercio Minorista.
Ley 12/1992, de 27 de mayo, sobre Contrato de Agencia.
Real Decreto Legislativo 1/2010, de 2 de julio, por el que se aprueba el texto refundido de la Ley de Sociedades de Capital.
Ley 15/2009, de 11 de noviembre, el contrato de transporte terrestre de mercancías.
Ley 50/1980, de 8 de octubre, de Contrato de Seguro.
Ley 7/1998, de 13 de abril, sobre condiciones generales de contratación.

4.5. Modelos de contratos

La estructura de los distintos tipos de contratos mercantiles se ha ido viendo a lo largo del capítulo.

Por tanto, para observar dicha estructura básica, se va a mostrar un ejemplo de contrato de seguro de automóvil:

CONTRATO DE SEGURO DE AUTOMÓVIL

Entre:

Aseguradora: XYZ Seguros, S. A., con domicilio en [Dirección de la aseguradora], inscrita en el Registro Mercantil de [Lugar] bajo el número [Número de Registro], representada por [Nombre del representante legal].

Y:

Asegurado: [Nombre completo del asegurado], con DNI [Número de DNI], residente en [Dirección del asegurado].

Póliza número: [Número de póliza]
Vigencia: Desde [Fecha de inicio] hasta [Fecha de finalización]
Vehículo: [Modelo y matrícula]

CLAUSULA 1: COBERTURA

La aseguradora proporcionará cobertura al asegurado para los daños sufridos por el vehículo asegurado como resultado de accidentes, incendio, robo y daños a terceros, de acuerdo con los términos y condiciones establecidos en esta póliza.

CLÁUSULA 2: TIPOS DE COBERTURA

a. **Responsabilidad civil:** la aseguradora proporcionará cobertura al asegurado en caso de que este sea legalmente responsable de daños a terceros o a sus propiedades como resultado de un accidente causado por el vehículo asegurado. Esta cobertura se extiende a gastos legales y costos judiciales incurridos para defender al asegurado en caso de una demanda.

   La responsabilidad civil incluye:

   - Daños a vehículos u objetos propiedad de terceros.
   - Daños corporales o lesiones sufridas por terceros.
   - Gastos médicos y de hospitalización de terceros afectados por el accidente.
   - Daños materiales a propiedades de terceros.

Continúa en página siguiente >>

<< Viene de página anterior

b. **Daños propios:** La aseguradora cubrirá los daños sufridos por el vehículo asegurado como resultado de accidentes, incendio y robo, de acuerdo con los términos y límites especificados en esta póliza. Esta cobertura incluye tanto los daños causados por colisiones con otros vehículos u objetos, como los daños ocurridos debido a incendio o robo.

Los daños propios incluyen:

- Reparación del vehículo asegurado en caso de accidente.
- Reparación o reemplazo del vehículo en caso de incendio.
- Cobertura en caso de robo o vandalismo del vehículo.

CLÁUSULA 3: EXCLUSIONES

Esta póliza no cubre daños o pérdidas que resulten de:

a. **Daños intencionados o negligencia grave.** La aseguradora no será responsable por daños o pérdidas causados intencionalmente por el asegurado o derivados de su negligencia grave. Esto incluye situaciones en las que el asegurado actúa con conocimiento de que sus acciones resultarán en daños o pérdidas, o cuando no toma las medidas razonables para evitarlos.

b. **Participación en carreras o competiciones.** Esta póliza no proporciona cobertura durante la participación del vehículo asegurado en carreras, competiciones, pruebas de velocidad, rallies u otros eventos similares, independientemente de si son autorizados o no.

c. **Conducir bajo los efectos del alcohol o sustancias prohibidas.** La aseguradora no asumirá responsabilidad por daños o pérdidas ocurridos mientras el asegurado conducía bajo la influencia del alcohol, drogas ilegales u otras sustancias prohibidas.

d. **Uso no autorizado del vehículo.** Los daños o pérdidas que resulten del uso no autorizado del vehículo asegurado, ya sea por terceros o por el propio asegurado, no estarán cubiertos por esta póliza.

e. **Desgaste normal y mantenimiento:** esta póliza no cubre daños que sean el resultado del desgaste normal, el deterioro gradual, el mantenimiento inadecuado o la

Continúa en página siguiente >>

<< Viene de página anterior

falta de cumplimiento de las recomendaciones del fabricante para el mantenimiento del vehículo.

f. **Uso comercial o profesional.** Los daños o pérdidas que ocurran mientras el vehículo esté siendo utilizado con fines comerciales o profesionales, incluyendo el transporte de bienes o pasajeros a cambio de una compensación económica, no estarán cubiertos por esta póliza.

g. **Actos de guerra y terrorismo.** Los daños causados por actos de guerra, invasión extranjera, hostilidades, actos de terrorismo o revuelta popular no serán cubiertos por esta póliza.

h. **Modificaciones no autorizadas.** Si el vehículo asegurado ha sido modificado sin la autorización expresa de la aseguradora y dichas modificaciones contribuyen al daño o pérdida, la póliza no proporcionará cobertura.

i. **Condiciones atmosféricas extremas.** Los daños causados por fenómenos naturales o condiciones atmosféricas extremas, como terremotos, inundaciones, huracanes, entre otros, no estarán cubiertos por esta póliza.

CLÁUSULA 4: FRANQUICIA

El asegurado acepta una franquicia de [Cantidad de la franquicia en euros] en caso de siniestro cubierto por la póliza, por lo que, en caso de un siniestro, el asegurado será responsable de pagar esta cantidad antes de que la aseguradora asuma el resto de los costes.

CLÁUSULA 5: PAGO DE PRIMA

El asegurado se compromete a pagar una prima anual de [Importe de la prima en euros] a la aseguradora. El pago de la prima se realizará en [Plazo de pago, por ejemplo, cuotas mensuales].

CLÁUSULA 6: NOTIFICACIÓN DE SINIESTROS

En caso de un siniestro, el asegurado debe notificar a la aseguradora de manera inmediata a través de la línea de atención al cliente y proporcionar todos los detalles y documentación relevantes para el proceso de reclamación.

Continúa en página siguiente >>

<< Viene de página anterior

CLÁUSULA 7: TERMINACIÓN

Esta póliza puede ser terminada por cualquiera de las partes mediante notificación por escrito con [Número de días, por ejemplo, 30 días] de antelación.

CLÁUSULA 8: LEY APLICABLE Y JURISDICCIÓN

Este contrato se rige por las leyes de España. Cualquier disputa que surja en relación con este contrato estará sujeta a la jurisdicción de los tribunales de [Ciudad o Comunidad Autónoma].

CLÁUSULA 9: MODIFICACIONES

Cualquier modificación a esta póliza deberá ser acordada por escrito entre ambas partes y se considerará válida solo si está firmada por un representante autorizado de la aseguradora.

En [Ciudad], a __________ de _________ de 20XX.

Firma:

5. Búsqueda de modelos de contratos

Cuando se trabajaba con documentación en formato papel, era muy habitual encontrar recopilaciones de contratos en dicho formato.

En ellos se podía encontrar multitud de modelos de contratos a disposición de los usuarios, con instrucciones e, incluso, guías para proceder a su redacción.

Sin embargo, en la actualidad, se opera principalmente *online,* por lo que resulta mucho más práctico buscar los modelos de contratos necesarios a través de internet.

Para ello, se puede acudir a las siguientes fuentes:

- **Internet y motores de búsqueda:** se pueden emplear motores de búsqueda como *Google* para buscar modelos de contratos específicos. Por ejemplo, si se busca un modelo de contrato de alquiler, se puede escribir en la casilla de búsqueda de *Google* "Modelo contrato de alquiler España" para obtener resultados con varios sitios webs y recursos que ofrecen modelos de contratos.
- **Sitios webs gubernamentales:** los sitios webs de instituciones gubernamentales, como el Ministerio de Justicia de España, pueden proporcionar modelos de contratos estándar o plantillas que cumplen con las leyes y regulaciones territoriales.
- **Plataformas legales *online:*** hay diversas plataformas legales en línea que ofrecen modelos de contratos estándar para diferentes situaciones.
- **Asesoramiento legal:** siempre es recomendable obtener asesoramiento legal antes de utilizar cualquier modelo de contrato. Un abogado puede asegurarse de que el contrato se adapte a las necesidades específicas y cumpla con las leyes vigentes.
- **Librerías jurídicas:** algunas librerías o tiendas especializadas en temas legales pueden disponer de libros o recursos que incluyen modelos de contratos.
- **Cámaras de Comercio y asociaciones empresariales:** en el caso de contratos comerciales, las Cámaras de Comercio y otras asociaciones empresariales a menudo proporcionan modelos de contratos específicos para diferentes industrias.

- **Consultoría en línea:** existen multitud de consultores legales en línea que ofrecen servicios de redacción y personalización de contratos. Estos profesionales son muy útiles cuando se necesita adaptar un contrato a unas necesidades específicas.

6. Cumplimentación de modelos de contratos a través de aplicaciones informáticas

Como se ha ido viendo a lo largo del capítulo, los contratos privados suelen tener una estructura tipo que se va adaptando atendiendo al tipo concreto de contrato y a las cláusulas y especificaciones que se quieran añadir.

Este hecho hace que cumplimentarlos se vuelva una tarea significativamente más sencilla, ya que los documentos tienen un nivel de formalidad tal que, a menudo, se recurre a plantillas predefinidas.

De hecho, en la mayoría de las compañías que ofrecen este tipo de contratos comerciales, se cuenta con modelos estándar adaptados a diversas situaciones (como contratos de franquicia o *leasing).*

Para crearlos, es común utilizar aplicaciones informáticas basadas en procesadores de texto, normalmente *Microsoft Word* y *LibreOffice Writer* (siendo este último de código abierto).

Así, con los procesadores de texto se puede dar el formato deseado a un contrato a partir de una plantilla determinada, además de corregir cualquier error que se encuentre e, incluso, insertar tablas o imágenes.

Eso sí, es imprescindible que los contratos se redacten y cumplimenten de un modo claro y preciso, exponiendo todos los detalles y la información relevante de todas las cláusulas que se vayan a acordar.

Aplicación práctica

María López, finalmente adquirió el vehículo a Coches Baratos, S. A. y, después de pedir varios presupuestos con distintas compañías aseguradoras, contactó con la empresa Rapid Seguros, S. A. para contratar un seguro de automóvil. En el momento de redactar el contrato, Rapid Seguros, S. A. cuenta con la siguiente información:

- Datos de la aseguradora: Rapid Seguros, S. A., calle Guatemala, 12 (28016 Madrid), inscrita en el Registro Mercantil de Madrid bajo el número de registro 256987456, representada por Miguel Jiménez Martín.
- Datos de la asegurada: María López, con DNI número 40652489M, residente en Benalmádena.
- Número de póliza: 58796536-2023.
- Vigencia: Desde el 20 de diciembre de 2023 hasta el 19 de diciembre de 2024.
- Datos del vehículo: Renault Clio, con matrícula 6589LST.
- Franquicia: 300 euros.
- La asegurada se compromete a pagar una prima de 480 euros anuales, abonados por domiciliación bancaria en cuotas mensuales de 40 euros al mes. La primera cuota se abona el 20 de diciembre de 2023 y la última se abona el 20 de noviembre de 2024.
- Si se desea terminar el contrato, la parte interesada debe comunicarlo a la otra parte con 30 días de antelación.
- El contrato se firma en Madrid, a 20 de diciembre de 2023 y estará sujeto a los tribunales de la Comunidad de Madrid.

Con la plantilla de contrato de seguro facilitada en el apartado y los datos aportados en la aplicación práctica, utilice un procesador de texto para redactar el contrato de seguro a María López.

SOLUCIÓN

Continúa en página siguiente >>

<< Viene de página anterior

CONTRATO DE SEGURO DE AUTOMÓVIL

Entre:

Aseguradora: Rapid Seguros, S. A., con domicilio en calle Guatemala, 12 (28016 Madrid) inscrita en el Registro Mercantil de Madrid bajo el número 256987456, representada por Miguel Jiménez Martín.

Y:

Asegurado: María López, con DNI 40652489M, residente en Benalmádena.
Póliza número: 58796536-2023
Vigencia: Desde 20/12/2023 hasta 19/12/2024.
Vehículo: Renault Clio, con matrícula 6589LST.

CLAÚSULA 1: COBERTURA

La aseguradora proporcionará cobertura al asegurado para los daños sufridos por el vehículo asegurado como resultado de accidentes, incendio, robo y daños a terceros, de acuerdo con los términos y condiciones establecidos en esta póliza.

CLAÚSULA 2: TIPOS DE COBERTURA

a. Responsabilidad civil: la aseguradora proporcionará cobertura al asegurado en caso de que este sea legalmente responsable de daños a terceros o a sus propiedades como resultado de un accidente causado por el vehículo asegurado. Esta cobertura se extiende a gastos legales y costos judiciales incurridos para defender al asegurado en caso de una demanda.

   La responsabilidad civil incluye:

   - Daños a vehículos u objetos propiedad de terceros.
   - Daños corporales o lesiones sufridas por terceros.
   - Gastos médicos y de hospitalización de terceros afectados por el accidente.
   - Daños materiales a propiedades de terceros.

Continúa en página siguiente >>

<< Viene de página anterior

b. Daños propios: la aseguradora cubrirá los daños sufridos por el vehículo asegurado como resultado de accidentes, incendio y robo, de acuerdo con los términos y límites especificados en esta póliza. Esta cobertura incluye tanto los daños causados por colisiones con otros vehículos u objetos, como los daños ocurridos debido a incendio o robo.

   Los daños propios incluyen:

   - Reparación del vehículo asegurado en caso de accidente.
   - Reparación o reemplazo del vehículo en caso de incendio.
   - Cobertura en caso de robo o vandalismo del vehículo.

CLAÚSULA 3: EXCLUSIONES

Esta póliza no cubre daños o pérdidas que resulten de:

a. Daños intencionados o negligencia grave: la aseguradora no será responsable por daños o pérdidas causados intencionalmente por el asegurado o derivados de su negligencia grave. Esto incluye situaciones en las que el asegurado actúa con conocimiento de que sus acciones resultarán en daños o pérdidas, o cuando no toma las medidas razonables para evitarlos.
b. Participación en carreras o competiciones: esta póliza no proporciona cobertura durante la participación del vehículo asegurado en carreras, competiciones, pruebas de velocidad, rallies u otros eventos similares, independientemente de si son autorizados o no.
c. Conducir bajo los efectos del alcohol o sustancias prohibidas: la aseguradora no asumirá responsabilidad por daños o pérdidas ocurridos mientras el asegurado conducía bajo la influencia del alcohol, drogas ilegales u otras sustancias prohibidas.
d. Uso no autorizado del vehículo: los daños o pérdidas que resulten del uso no autorizado del vehículo asegurado, ya sea por terceros o por el propio asegurado, no estarán cubiertos por esta póliza.
e. Desgaste normal y mantenimiento: esta póliza no cubre daños que sean el resultado del desgaste normal, el deterioro gradual, el mantenimiento inadecuado o la falta de cumplimiento de las recomendaciones del fabricante para el mantenimiento del vehículo.

Continúa en página siguiente >>

<< Viene de página anterior

f. Uso comercial o profesional: los daños o pérdidas que ocurran mientras el vehículo esté siendo utilizado con fines comerciales o profesionales, incluyendo el transporte de bienes o pasajeros a cambio de una compensación económica, no estarán cubiertos por esta póliza.
g. Actos de guerra y terrorismo: los daños causados por actos de guerra, invasión extranjera, hostilidades, actos de terrorismo o revuelta popular no serán cubiertos por esta póliza.
h. Modificaciones no autorizadas: si el vehículo asegurado ha sido modificado sin la autorización expresa de la aseguradora y dichas modificaciones contribuyen al daño o pérdida, la póliza no proporcionará cobertura.
i. Condiciones atmosféricas extremas: los daños causados por fenómenos naturales o condiciones atmosféricas extremas, como terremotos, inundaciones, huracanes, entre otros, no estarán cubiertos por esta póliza.

CLAÚSULA 4: FRANQUICIA

El asegurado acepta una franquicia de 300 euros en caso de siniestro cubierto por la póliza por lo que, en caso de un siniestro, el asegurado será responsable de pagar esta cantidad antes de que la aseguradora asuma el resto de los costes.

CLAÚSULA 5: PAGO DE PRIMA

El asegurado se compromete a pagar una prima anual de 480 euros a la aseguradora. El pago de la prima se realizará en cuotas mensuales de 40 euros al mes, por domiciliación bancaria, abonando la primera cuota el 20 de diciembre de 2023 y la última cuota el 20 de noviembre de 2024.

CLAÚSULA 6: NOTIFICACIÓN DE SINIESTROS

En caso de un siniestro, el asegurado debe notificar a la aseguradora de manera inmediata a través de la línea de atención al cliente y proporcionar todos los detalles y documentación relevantes para el proceso de reclamación.

CLAÚSULA 7: TERMINACIÓN

Esta póliza puede ser terminada por cualquiera de las partes mediante notificación por escrito con 30 días de antelación.

Continúa en página siguiente >>

<< Viene de página anterior

CLAÚSULA 8: LEY APLICABLE Y JURISDICCIÓN

Este contrato se rige por las leyes de España. Cualquier disputa que surja en relación con este contrato estará sujeta a la jurisdicción de los tribunales de la Comunidad de Madrid.

CLAÚSULA 9: MODIFICACIONES

Cualquier modificación a esta póliza deberá ser acordada por escrito entre ambas partes y se considerará válida solo si está firmada por un representante autorizado de la aseguradora.

En Madrid, a 20 de diciembre de 2023.

Firma:

7. Archivo de la información y documentación de cada contrato

En cualquier empresa, la cantidad de documentos que se generan es muy numerosa, estando entre estos documentos los contratos firmados. Dada la relevancia de los documentos, resulta imprescindible organizar sus archivos de forma regular y ordenada para que se puedan localizar con facilidad y rapidez en el momento que se necesiten.

Por todo ello, es sumamente relevante disponer de un sistema o metodología de clasificación que permita archivar adecuadamente los documentos y localizarlos lo más rápidamente posible, normalmente a través de un índice.

A pesar de tener muchos documentos en papel, se recomienda utilizar algún soporte informático de apoyo para registrar su ubicación. Por ejemplo, se puede utilizar una base de datos con la localización de los documentos físicos para que, con una sola búsqueda en el programa, se pueda saber rápidamente dónde encontrar la documentación.

Los criterios de ordenación de documentación más comunes son los siguientes:

- **Cronológico:** los documentos se ordenan por fechas de recepción o generación.
- **Alfabético:** los documentos se ordenan alfabéticamente por la inicial de una o varias palabras que los diferencian del resto.
- **Numérico:** se asigna un número a cada documento, normalmente correlativo y se ordenan los documentos atendiendo a dichos números.
- **Alfanumérico:** se utiliza un método híbrido entre el alfabético y el numérico, es decir, se utilizan números y letras como criterio de ordenación de la documentación.

Sea cual sea el método de ordenación y archivo de la documentación, hay que tener en cuenta la información contenida en la misma, ya que, si los documentos contienen algún tipo de dato de carácter personal, hay que seguir las medidas de seguridad establecidas en la Ley Orgánica 3/2018, de 5 de diciembre, de Protección de Datos Personales y garantía de los derechos digitales.

Si no se cumplen con las medidas de protección establecidas en dicha ley, se puede incurrir en una serie de infracciones y ser sancionado con carácter leve, grave o muy grave, según el tipo de infracción cometida.

Aplicación práctica

Marta Jiménez trabaja en Muebles Almansa, S. L. de administrativa y tiene como encargo reordenar el archivo con la documentación de la empresa.

Va a comenzar ordenando los siguientes contratos formalizados por Muebles Almansa, S. L.

Tipo de documento	Fecha de formalización	Número de páginas	Código de contrato
Contrato de compraventa	25/05/2021	36	A-5698
Contrato de seguro	03/12/2020	23	A-8879
Contrato de franquicia	05/11/2023	15	B-9852
Contrato de *factoring*	18/05/2021	9	D-6823
Contrato de *leasing*	22/09/2020	28	C-1258

Indique qué tipo de información contiene cada columna (numérica, alfanumérica, etc.) y ordénela atendiendo a los siguientes criterios de clasificación:

- **Alfanumérico**
- **Cronológico**
- **Numérico**
- **Alfabético**

SOLUCIÓN

El tipo de información que hay en cada columna es la siguiente:

Continúa en página siguiente >>

<< Viene de página anterior

- Tipo de documento: datos alfabéticos
- Fecha de formalización: información cronológica
- Número de páginas: información numérica
- Código de contrato: información alfanumérica

Si se ordena la información alfanuméricamente, quedaría del siguiente modo:

Tipo de documento	Fecha de formalización	Número de páginas	Código de contrato
Contrato de compraventa	25/05/2021	36	A-5698
Contrato de seguro	03/12/2020	23	A-8879
Contrato de franquicia	05/11/2023	15	B-9852
Contrato de *leasing*	22/09/2020	28	C-1258
Contrato de *factoring*	18/05/2021	9	D-6823

Si se ordena la información cronológicamente, quedaría del siguiente modo:

Tipo de documento	Fecha de formalización	Número de páginas	Código de contrato
Contrato de *leasing*	22/09/2020	28	C-1258
Contrato de seguro	03/12/2020	23	A-8879
Contrato de *factoring*	18/05/2021	9	D-6823
Contrato de compraventa	25/05/2021	36	A-5698
Contrato de franquicia	05/11/2023	15	B-9852

Continúa en página siguiente >>

<< Viene de página anterior

Si se ordena la información numéricamente, quedaría del siguiente modo:

Tipo de documento	Fecha de formalización	Número de páginas	Código de contrato
Contrato de *factoring*	18/05/2021	9	D-6823
Contrato de franquicia	05/11/2023	15	B-9852
Contrato de seguro	03/12/2020	23	A-8879
Contrato de *leasing*	22/09/2020	28	C-1258
Contrato de compraventa	25/05/2021	36	A-5698

Si se ordena la información alfabéticamente, quedaría del siguiente modo:

Tipo de documento	Fecha de formalización	Número de páginas	Código de contrato
Contrato de compraventa	25/05/2021	36	A-5698
Contrato de *factoring*	18/05/2021	9	D-6823
Contrato de franquicia	05/11/2023	15	B-9852
Contrato de *leasing*	22/09/2020	28	C-1258
Contrato de seguro	03/12/2020	23	A-8879

8. Resumen

Las empresas pueden llevar a cabo su actividad comercial a través de contratos de carácter privado, con otras personas físicas o jurídicas, regulados, principalmente, en el Código Civil y en el Código de Comercio.

Las fases básicas de todo proceso de contratación privada son: negociación, oferta y aceptación, elementos del contrato, redacción del contrato, firma, ejecución del contrato, incumplimiento y solución de controversias y finalización del contrato.

No obstante, a pesar de tener una estructura común, hay que destacar la gran variedad de contratos privados mercantiles que existen en la actualidad, siendo los más frecuentes los siguientes: contrato de compraventa, franquicia, intermediación comercial (distinguiendo entre contrato de agencia, de comisión y de mediación), *leasing, renting* (o leasing operativo), *factoring, confirming,* contrato de transporte y contrato de seguro.

Al disponer de una estructura muy similar, redactar un contrato privado puede resultar sencillo, ya que hay numerosos sitios webs que ofrecen modelos de contratos que se pueden adaptar a las necesidades de cada uno con un procesador de texto, como *LibreOffice Writer* o *Microsoft Word.*

Dado que las empresas generan gran cantidad de documentación (estando entre ella, contratos firmados), es importante disponer de un sistema de ordenación de los documentos adecuado que permita acudir al archivo y recuperar el documento buscado de forma ágil y rápida.

Ejercicios de repaso y autoevaluación

1. Indique qué es una cláusula en un contrato:

a. Una sección del contrato que establece las obligaciones de las partes.
b. Una sección del contrato que establece las sanciones en caso de incumplimiento.
c. Una sección del contrato que establece las condiciones de pago.
d. Todas las opciones son correctas.

2. ¿Qué es un contrato de arrendamiento?

a. Un contrato en el que una parte se compromete a vender un bien a otra parte.
b. Un contrato en el que una parte se compromete a comprar un bien a otra parte.
c. Un contrato en el que una parte se compromete a alquilar un bien a otra parte.
d. Todas las opciones son incorrectas.

3. Ordene las siguientes fases del proceso de contratación privada:

a. Oferta y aceptación
b. Redacción del contrato
c. Negociación
d. Elementos del contrato

__ Segunda fase
__ Cuarta fase
__ Primera fase
__ Tercera fase

4. Indique cuál de los siguientes aspectos relacionados con el proceso de contratación privado no está incluido en el Código Civil:

a. Estipulaciones de las partes
b. Consentimiento
c. Libertad de contratación
d. Obligaciones de las partes

5. Complete los siguientes huecos relacionados con las distintas clasificaciones de los contratos privados:

a. Según su ______________ los contratos se clasifican en contratos válidos, nulos o anulables.
b. Según su ______________ los contratos se clasifican en contratos verbales o escritos.
c. Según su ______________ los contratos se clasifican en contratos de comisión, de distribución o de franquicia.

6. Los contratos privados que se cumplen en un momento posterior a la firma, acordado por las partes, se denominan:

a. De ejecución parcial
b. De ejecución inmediata
c. De ejecución diferida
d. De ejecución demorada

7. Los contratos que establecen la relación laboral entre un empleador y un empleado se denominan:

a. Contratos de trabajo
b. Contratos de préstamo
c. Contratos de arrendamiento
d. Todas las opciones son incorrectas.

8. Indique cuál de los siguientes no hace referencia a un contrato privado:

a. Contrato de compraventa
b. Contrato de intermediación comercial
c. Contrato administrativo
d. Contrato de seguro

9. En un contrato de ____________, el franquiciador otorga al franquiciado el derecho de utilizar su marca, modelo de negocio, know-how, y apoyo continuo a cambio de pagos periódicos o iniciales y el cumplimiento de ciertas condiciones.

a. franquicia
b. intermediación
c. comisión
d. agencia

10. ¿Cuál de los siguientes elementos no forma parte de un contrato de seguro?

a. Suma asegurada
b. Período de cobertura
c. Franquicia
d. Todos los elementos anteriores forman parte de un contrato de seguro.

Bibliografía

Monografías

- VV. AA.: *Memento Civil. Obligaciones y Contratos 2023.* Lefebvre-El Derecho S. A. Madrid: 2023.

  Lectura recomendada para aquellos que quieren obtener una visión práctica de todos los contratos relacionados con el Código Civil que pueden formalizar las personas físicas y jurídicas.

- VV. AA.: *Memento Contratación Pública (Abogacía del Estado) 2023-2024.* Lefebvre-El Derecho S. A.: Madrid, 2023.

  Libro muy interesante para los que quieran formalizar contratos con el sector público.

- VV. AA.: *Memento práctico contratos mercantiles 2022-2023.* Lefebvre-El Derecho S. A.: Madrid, 2022.

  Lectura recomendada para aquellos que quieren obtener una visión práctica de todos los contratos de carácter mercantil que pueden formalizar las empresas.

- VV. AA.: *Memento práctico sociedades mercantiles 2024.* Lefebvre-El Derecho S. A.: Madrid, 2023.

  Lectura recomendada para aquellas personas que quieren crear una empresa desde cero y quieran conocer con profundidad todas sus peculiaridades jurídicas.

Legislación

- Ley 9/2017, de 8 de noviembre, de Contratos del Sector Público, por la que se transponen al ordenamiento jurídico español las Directivas del Parlamento Europeo y del Consejo 2014/23/UE y 2014/24/UE, de 26 de febrero de 2014.

- Real Decreto Legislativo 1/2010, de 2 de julio, por el que se aprueba el texto refundido de la Ley de Sociedades de Capital.

- Real Decreto de 22 de agosto de 1885 por el que se publica el Código de Comercio.

- Real Decreto de 24 de julio de 1889 por el que se publica el Código Civil.

Textos electrónicos, bases de datos y programas informáticos

- Guía para elegir la forma jurídica de una empresa, de:
  <https://plataformapyme.es/es-es/IdeaDeNegocio/Paginas/FormasJuridicas.aspx>.

  Artículo en el que se facilita una guía para elegir la forma jurídica de una empresa que sea más acorde con las características que introduzca el usuario. Se facilita además un cuadro resumen con las características fundamentales de los distintos tipos de empresas.

- Plataforma de contratación del sector público, de:
  <https://contrataciondelestado.es/wps/portal/plataforma>.

  Página web a través de la cual el sector público transmite toda la información concerniente a los distintos procedimientos de contratación pública.